O código secreto do sucesso

Noah St. John

O Código Secreto do Sucesso

Viva com mais riqueza e felicidade

Tradução
Jusmar Gomes

6ª Edição

Rio de Janeiro | 2023

CIP-BRASIL. CATALOGAÇÃO-NA-FONTE
SINDICATO NACIONAL DOS EDITORES DE LIVROS, RJ.

St. John, Noah, 1967-

S767c　O código secreto do sucesso : Viva com mais riqueza e felicidade / Noah St.
6ª ed.　John ; tradução: Jusmar Gomes 6ª ed. - Rio de Janeiro: BestSeller, 2023.

Tradução de: The secret code of success
ISBN 978-85-7684-368-9

1. Sucesso nos negócios. I. Título. II. Título: Viva com mais riqueza e
felicidade.

10-6369　　　　　　　　　　　　CDD: 650.1
　　　　　　　　　　　　　　　CDU: 65.011.4

Texto revisado segundo o novo Acordo Ortográfico da Língua Portuguesa.

Título original norte-americano
THE SECRET CODE OF SUCCESS
Copyright © 2009 by Noah St. John
Copyright da tradução © 2012 by Editora Best Seller Ltda.

Publicado mediante acordo com Collins Business, um selo da Harper Collins
Publishers.

Capa: Marianne Lépine
Editoração eletrônica: FA Editoração

Todos os direitos reservados. Proibida a reprodução,
no todo ou em parte, sem autorização prévia por escrito da editora,
sejam quais forem os meios empregados.

Direitos exclusivos de publicação em língua portuguesa para o Brasil
adquiridos pela
EDITORA BEST SELLER LTDA.
Rua Argentina, 171, 3º andar, São Cristóvão
Rio de Janeiro, RJ — 20921-380
que se reserva a propriedade literária desta tradução.

Impresso no Brasil

ISBN 978-85-7684-368-9

Seja um leitor preferencial Record.
Cadastre-se em www.record.com.br e receba informações sobre
nossos lançamentos e nossas promoções.

Atendimento e venda direta ao leitor:
sac@record.com.br

Para as pessoas que acreditam

SUMÁRIO

Prefácio de Jack Canfield	9
O "segredo" do sucesso na vida e nos negócios	13

PARTE I — FUNDAMENTOS

1. O que há de errado com essa situação?	21
2. A pequena suposição que está custando uma fortuna a você	37
3. O código secreto revelado	51

PARTE II — O CÓDIGO

4. Passo 1: Aformações	75
5. Passo 2: Espelhos afetuosos e portos seguros	105
6. Passo 3: Sistemas de apoio	143
7. Passo 4: Zonas livres de metas e operação de substituição da meta	193
8. Passo 5: Quem você está tentando proteger, punir ou agradar?	219
9. Passo 6: Encontre seu Não	231
10. Passo 7: Encontre seu Porquê	255

PARTE III — PRÓXIMOS PASSOS

11. E agora?   277

12. Divulgue os ensinamentos   283

Agradecimentos   285

PREFÁCIO

Jack Canfield

Ele se aproximou de mim como qualquer outra pessoa. Eu havia acabado de atravessar o país de avião até a Universidade de Massachusetts, onde conquistei meu mestrado em pedagogia, porque estavam me concedendo o prêmio Lifetime Achievement— algo sobre o que eu não tinha muita certeza, porque ainda tinha muita vida pela frente!

Quando se apresentou, fez algo que milhares de outras pessoas já haviam feito — disse o quanto admirava meu trabalho em *Canja de galinha para a alma*. Mas então fez algo incomum, que poucas pessoas haviam feito anteriormente e que chamou minha atenção. Mostrou-me o que parecia ser o manuscrito de um livro e disse: "Sr. Canfield, o senhor poderia dar uma olhada nisto?"

Então me explicou que havia descoberto algo que mudaria o mundo da autoajuda como o conhecemos: o motivo de tantas pessoas inteligentes, criativas e talentosas — pessoas que gastam dezenas de milhares de dólares em programas tradicionais de autoajuda — ainda estarem hesitantes e seguindo pela estrada da vida com o pé no freio!

Algo na forma como ele falou me fez prestar atenção. Ele não era convencido ou arrogante; muito pelo contrário, seu jeito tranquilo dizia que ele havia simplesmente resolvido um problema cuja solução muita gente gostaria de conhecer.

Dei uma olhada em seu livro colado com fita adesiva — estava literalmente colado com um pedaço de fita adesiva! Não era uma coisa muito bonita de ver, mas notei que ele já obtivera testemunhos impressionantes de pessoas cujas vidas sua obra havia mudado e, em alguns casos, salvado.

Talvez fosse puro instinto, mas tive a sensação de que havia algo de especial ali. Tirei meus olhos de seu livro feito em casa e disse: "Sim, parece bom. Vou enviá-lo ao meu editor." A expressão em seu rosto foi indescritível. Dizer que ficou surpreso seria como dizer que o Grand Canyon é um buraco enorme.

Depois que o primeiro livro de Noah foi publicado, ele e eu continuamos a manter contato. À medida que eu o via progredir e alcançar um número cada vez maior de leitores através de seus seminários e programas de treinamento, me senti como um pai orgulhoso — vendo meu jovem protegido expandir seu alcance e ajudar dezenas de milhares de pessoas em todos os cantos do mundo.

Com o lançamento deste novo livro, *O código secreto do sucesso,* eu sinto que Noah está prestes a dar o salto rumo à verdadeira grandeza. Poucas vezes em uma geração alguém surge com uma nova maneira de abordar uma pergunta tão antiga como *"Por que tantas pessoas se negam a alcançar o sucesso de que são capazes?"* e apresenta uma resposta que é, ao mesmo tempo, tão simples e, no entanto, tão convincente.

Porém, há algo ainda mais importante: a forma com que Noah soluciona esse problema irá permitir que você —

Prefácio 11

independentemente de ser rico ou pobre, alegre ou infeliz, de estar hesitante ou de ser bem-sucedido — tire o pé do freio e se permita alcançar o sucesso em níveis mais altos do que já experimentou antes em sua vida, carreira e em seus relacionamentos.

Seja qual for a área de sua vida que deseja melhorar — mais dinheiro, mais tempo para o lazer, melhores relacionamentos, maior produtividade, perda de peso ou aumento da autoconfiança —, Noah não apenas o ajudará a alcançar suas metas como também lhe mostrará como alcançá-las da maneira *mais rápida, mais fácil,* e *com muito menos esforço* do que você está empregando agora!

Não é sempre que alguém que você conhece faz uma diferença tão grande em sua vida e, mais que isso, o ajuda a fazer uma grande diferença nas vidas de outras pessoas. Independentemente de quem você seja, ou como conheceu esta obra, as páginas a seguir vão lhe permitir entrar em uma nova vida.

É por isso que tenho o grande prazer de lhe apresentar meu colega e amigo, Noah St. John, e sua obra, *O código secreto do sucesso.*

Para encerrar, só tenho uma pergunta a fazer ...

O que você está esperando?

Desejo o melhor para você,

JACK CANFIELD

O "segredo" do sucesso na vida e nos negócios

Este não é o livro de sucesso de seu pai.

Recentemente, eu estava em Los Angeles, almoçando com alguns amigos que são milionários e decamilionários — pessoas que ganham entre 1 e 10 milhões de dólares por ano ou até mais. Ao olhar à minha volta, uma coisa me fez sorrir. Notei que nenhum de nós tinha qualquer aparência fora do comum. Nenhum de nós estava usando roupas caras — alguns davam a impressão de estar a caminho de uma festa à beira da piscina. Não estávamos conversando sobre algo muito profundo ou capaz de abalar as estruturas da Terra. Percebi que, na verdade, parecíamos pessoas comuns. Você provavelmente teria seguido seu caminho sem se deter se visse qualquer um de nós na rua.

Então o que aquele grupo de "pessoas comuns" fez para entrar na faixa superior de rendimentos no mundo — enquanto muitas outras continuam se esforçando e só conseguem sobreviver? E, mais importante ainda: como você pode aprender o "código secreto" deles para poder desfrutar do sucesso em sua vida e em seus negócios?

Nas páginas a seguir, você vai aprender:

- O que separa os 3% da classe mais alta do restante do mundo
- Como se livrar do lixo mental que está impedindo seu sucesso
- Uma pequena suposição que está custando uma fortuna a você
- A fórmula infalível para tirar seu pé do freio, feita especificamente para você, para que sempre alcance o sucesso no que quer que faça

"QUEM É NOAH ST. JOHN E POR QUE DEVO DAR OUVIDOS A ELE?"

Provavelmente, você deve estar se fazendo essa pergunta neste momento. Na verdade, como vou lhe mostrar mais à frente, é impossível para você *não* se fazer essa pergunta. Então, permita-me respondê-la agora mesmo.

Como fundador e CEO da **SuccessClinic.com**, administro uma empresa de treinamento de sucesso internacional. Nos últimos dez anos, pessoas e organizações em mais de quarenta países têm usado meus métodos para obter melhores resultados em suas vidas particulares e nos negócios, gastando menos tempo, dinheiro e esforço. Sou privilegiado por ter conceituados líderes de negócios, vendas, produtividade e potencial humano apoiando meus programas.

Mas nem sempre foi assim. Não em longo prazo.

Embora seja um tanto embaraçoso admitir isso, tenho uma confissão a fazer. Quando você ouve praticamente todos os palestrantes de sucesso, toma conhecimento de histórias como: Ele foi o vendedor número 1 em todas as empresas em que trabalhou... Já tinha um plano traçado quando ainda estavam no ventre de sua mãe ... Ou tornou-se milionário enquanto o restante de nós ainda estava jogando videogame.

Bem, minha história é justamente o oposto.

Tendo me formado no Ensino Médio como segundo em minha classe, fui um National Merit Scholar* e frequentei a faculdade graças a uma bolsa de estudos integral. Portanto, você poderia pensar que eu tinha um futuro brilhante pela frente, certo?

Mas estaria errado. Depois que saí da faculdade (pela primeira vez), tornei-me o "subdotado" com o mais alto nível de escolaridade que você já viu. Trabalhei em uma série de empregos sem qualquer perspectiva de progresso: secretário, garçom, funcionário burocrático; vendi pipas —, vendi blusas (não na mesma loja, é claro); cheguei inclusive a limpar banheiros como empregado doméstico. E odiava cada emprego mais que o anterior.

Durante aqueles anos longos e improdutivos, duas perguntas ardiam dentro de mim:

"Como é que alguém com um nível de escolaridade tão alto havia alcançado tão pouco?"

e

"Por que pessoas mais despreparadas são _muito mais ricas_ do que eu?"

---

* National Merit Scholar é um estudante selecionado pela Universidade de Berkeley. (*N. do T.*)

Então fiz o que qualquer um faria nessa situação: comecei a estudar o fenômeno chamado "sucesso". Comprei todos os livros, ouvi todos os CDs e fui a todos os seminários que consegui. Gastei muito tempo, dinheiro e energia tentando responder àquelas perguntas. Passei anos e anos estudando arduamente. E depois de todo aquele tempo, esforço e despesas, a pergunta que surgiu foi:

"Como é que alguém que gastou tanto tempo e dinheiro estudando como alcançar o sucesso ainda pode estar tão sem grana?"

Então, uma noite, quase que por acidente, finalmente descobri a resposta — a resposta que mudou minha vida. Além de explicar a *minha* vida, a descoberta respondeu às perguntas de milhares de pessoas em todos os lugares do mundo em sua busca pelo sucesso.

Fiquei chocado ao ver que, embora a resposta estivesse ali à minha frente o tempo todo, *nenhum* dos "gurus do sucesso" com os quais gastei tanto tempo, energia e dinheiro a havia mencionado antes.

Mas estou me adiantando no assunto...

POR QUE ESTOU COMPARTILHANDO ESSES SEGREDOS?

Eu já disse que ajudei milhares de pessoas de todas as classes sociais a desfrutarem de mais riqueza e felicidade. O que não contei é que isso teve um propósito muito maior.

Fundei minha empresa a partir de uma visão do que eu queria criar. Eu queria um sistema em que qualquer pessoa, com qualquer experiência anterior, pudesse aprender, praticar e ensinar; um sistema que daria a elas as aptidões e ferramentas para se tornarem altamente bem-sucedidas fazendo qualquer coisa que quisessem fazer; e queria criar uma empresa que fosse muito maior do que eu, para que pudéssemos ajudar milhões de pessoas que, sem qualquer imperfeição intrínseca, lutam para progredir e alcançar o sucesso.

Já atingi minha visão. Mas a próxima fase de crescimento da minha empresa vai me forçar a reduzir tremendamente o número de horas durante as quais estou disponível para treinar e orientar as pessoas. Minha maior missão agora é instruir e produzir treinadores que possam duplicar o que já fiz com meus estudantes, e habilitar mais pessoas do que nunca antes a terem as ferramentas para sua liberdade financeira.

Isso significa que, com exceção de um grupo muito seleto de profissionais, muita gente jamais terá a chance de trabalhar comigo pessoalmente. Por isso decidi que chegou o momento de compartilhar essas informações, para que todos possam se beneficiar delas.

MAIS UMA COISA

Se estiver à procura dos mesmos velhos clichês ou métodos motivacionais que já ouviu um milhão de vezes, você não os encontrará aqui. Se estiver em busca de um livro que lhe diga que você não precisa fazer nada para criar o que realmente quer, sinto muito por desapontá-lo.

Neste livro, vamos infringir algumas regras e fazer hambúrgueres a partir de algumas das vacas mais sagradas da autoajuda. Estou plenamente ciente de que alguns de meus métodos podem parecer estranhos à primeira vista. Esse é o objetivo! Se você já tivesse tudo que quisesse, não precisaria de outro livro sobre como chegar lá, não é verdade?

Se alguma vez já houve um momento na história do ser humano em que precisávamos aplicar um novo nível de raciocínio para criar um mundo em que todos pudéssemos viver com sucesso e felicidade, esse momento é agora.

Então vamos começar!

Ao seu sucesso,
NOAH ST. JOHN
Fundador da **SuccessClinic.com**

PARTE I

FUNDAMENTOS

CAPÍTULO 1

O que há de errado com essa situação?

Calcula-se que os norte-americanos gastem 11 bilhões de dólares (notem que é com B — bilhões) por ano com produtos de autoajuda — desde livros até DVDs e pílulas de dieta —, enquanto as empresas norte-americanas gastam mais de 400 bilhões por ano em programas de desenvolvimento profissional para seus empregados. Pessoalmente, acho que essas estimativas são muito baixas, especialmente quando consideramos todos os programas para perda de peso, equipamentos para exercícios, livros voltados à atividade comercial e tudo mais que pudermos incluir na categoria de autoajuda.

(Sim, sei que existem muitos outros termos mais sofisticados para isso: crescimento pessoal, autoaperfeiçoamento, desenvolvimento profissional etc. Mas, por enquanto, vamos concordar em usar autoajuda, tudo bem?)

Na verdade, chamo a maioria dessas informações de NADA-ajuda, porque elas se acumulam na prateleira, juntamente com todo o resto das coisas que você comprou durante vários anos. Então, basicamente os norte-americanos estão gastando "apenas" 411 bilhões de dólares por ano em produtos que vão acabar na prateleira.

Pense nisso em termos ainda mais concretos: quanto dinheiro VOCÊ já gastou com produtos que acabaram na prateleira no ano passado, nos dois últimos anos, nos cinco últimos anos?

Se for como a maioria das pessoas que vêm aos meus seminários e programas de treinamento, esse valor costuma ficar entre mil e 50 mil dólares... ou mais. (Já recebi pessoas em meus seminários, algumas com lágrimas nos olhos, que me disseram que o que compartilhei com elas em trinta minutos fez com que economizassem mais de *1 milhão de dólares*.)

Então aqui está...

O MOTIVO Nº 1 PELO QUAL A MAIORIA DAS PESSOAS LUTA NA VIDA E NOS NEGÓCIOS (E NÃO, NÃO É O QUE DISSERAM A VOCÊ)

Por que, com todo o tempo, dinheiro e energia gastos com autoajuda, tão poucas pessoas estão levando a vida que realmente querem? Outra forma de fazer esta pergunta é:

Por que milhões de pessoas que já gastaram tanto tempo e dinheiro tentando progredir *ainda* continuam a seguir pela estrada da vida com o pé no freio?

Na verdade, há uma resposta para essa pergunta aparentemente sem resposta. Porém, assim como em muitos problemas irritantes, para responder a essa pergunta devemos primeiro fazer outra mais profunda. A pergunta mais profunda que devemos fazer é:

O QUE CAUSA O COMPORTAMENTO HUMANO?

Embora essa pergunta possa ser respondida de diferentes maneiras, aqui está a que descobri ser a resposta mais precisa. É simples, visto que descobri (e tenho certeza de que você também) que as soluções mais simples tendem a criar os melhores e mais duradouros resultados.

A BALANÇA DO SUCESSO
© e ™ NOAH ST. JOHN

Mostrei essa ilustração a dezenas de milhares de pessoas em meus seminários, e chamo-a de **balança do sucesso**.

Imagine uma balança, como aquela da justiça que já nos acostumamos a ver nos tribunais dos seriados de TV. É um instrumento para determinar o peso, que possui um ponto de apoio no centro e um prato suspenso em cada extremidade.

Imagine que temos, em um dos pratos, uma coisa chamada **por que fazer algo**. Esses são seus motivos internos ou **razões pelas quais você faz** alguma coisa. No outro prato, temos **por que não fazer algo** — são suas **razões internas pelas quais você não faz** alguma coisa.

Vou lhe dar um exemplo de sua própria vida. Por que você está lendo este livro agora? A resposta é muito simples. Você está lendo este livro porque percebe que há mais **benefícios** (outra palavra para "por que fazer algo" é Benefício) do que **custos** (outra palavra para "por que não fazer algo" é Custo).

Sua percepção de por que você faz algo ou do Benefício de ler este livro poderiam incluir:

- ✔ Quero aprender o que as pessoas mais bem-sucedidas do mundo fazem, para poder fazer a mesma coisa em minha vida...
- ✔ Poder parar de me sabotar...
- ✔ Poder ganhar mais dinheiro...
- ✔ Finalmente, tirar meu pé do freio...
- ✔ Isso vai me deixar mais feliz, porque vou poder levar a vida que sempre quis...
- ✔ E pedir demissão desse trabalho que eu odeio...
- ✔ E tirar mais férias...
- ✔ E ter melhores relacionamentos...
- ✔ E perder peso...
- ✔ E encontrar o amor da minha vida...
- ✔ E comprar um carro novo...

O que há de errado com essa situação? 25

✔ E uma casa nova...
✔ E me livrar das dívidas...
✔ Por acaso mencionei que, finalmente, vou tirar meu pé do freio?

O que podemos dizer sobre seus motivos para não fazer algo ou Custo? Eles poderiam incluir:

✔ Tenho um milhão de outras coisas que poderia fazer neste momento.
✔ Afinal, quem é esse cara, e por que eu deveria dar ouvidos a ele?
✔ O que vai acontecer se eu chegar ao fim do livro e ainda não tiver aprendido como tirar meu pé do freio?
✔ E se isso der certo para todas as outras pessoas, mas não para mim?
✔ O que ele está tentando me vender? Já fui enganado antes e não quero que isso aconteça outra vez.
✔ Por acaso mencionei todas as outras coisas que eu poderia fazer neste instante?

Sua mente é como uma infinita balança — em todo momento está pesando os *Benefícios aparentes* contra os *Custos aparentes* de qualquer comportamento ou atividade que possa imaginar. Você consegue ver que toda decisão que tomamos é baseada em nossos motivos para fazer algo e em nossos motivos para não fazer algo? Considere o seguinte:

✔ Onde você mora.
✔ O que você veste.

- ✔ O que você come (e com que frequência).
- ✔ Que tipo de carro você dirige.
- ✔ Qual é sua atividade profissional.
- ✔ Com quem você decide se casar — ou não!
- ✔ O que você comeu hoje no café da manhã...

Tudo isso foi determinado por seus motivos por que você decidiu fazer algo e seus motivos por que decidiu não fazer algo. Na verdade, toda decisão que você já tomou em sua vida foi baseada neles: as razões que o levaram a pensar que deveria fazer uma coisa versus as razões para não fazer aquela coisa.

MAS O QUE ISSO TEM A VER COM O SUCESSO?

"Muito bem, Noah", você está dizendo. "Posso ver que toda decisão que tomo é baseada em meus motivos por que decidi fazer algo e meus motivos por que decidi não fazer algo. Mas o que isso tem a ver com o *sucesso*? Você está tentando me dizer que, se estou impedindo a mim mesmo de alcançar o sucesso, isso significa que *eu não quero* ser bem-sucedido?"

Tive o privilégio de trabalhar com milhares e milhares de pessoas em meus seminários e programas de treinamento — empresários, adolescentes, pessoal de vendas e de contabilidade, empregadores e empregados, pessoas que trabalham em grandes empresas e donas de casa; homens, mulheres e crianças de todas as classes sociais. E durante todo esse tempo, jamais encontrei uma pessoa que não quisesse ser bem-sucedida.

Os seres humanos são motivados pelo sucesso — em conseguir, ter e manter as coisas que querem.

No entanto, já vimos que milhões de pessoas e organizações estão impedindo a si mesmos de atingir o nível de sucesso que são perfeitamente capazes de alcançar, embora, coletivamente, os norte-americanos estejam gastando bilhões de dólares para tentar solucionar o problema.

Então o que está acontecendo aqui? *Deve haver alguma coisa oculta... algo mais profundo... algo que não esteja visível ao observador comum.*

O motivo oculto pelo qual você não vai para frente

Imagine um iceberg. Todos nós já ouvimos que 90% a 95% de um iceberg estão escondidos abaixo da superfície da água, enquanto apenas 5% a 10% são visíveis, estando acima da superfície.

Cientistas de Stanford, do MIT e de outras instituições conceituadas determinaram que a mente humana funciona mais ou menos da mesma maneira. Assim como um iceberg, sua mente é formada por duas partes: a parte que é *visível* (acima da superfície) e a parte que fica *oculta* (abaixo da superfície).

Em vez da linha da água, vamos chamar a linha que separa as duas partes da mente de **linha da consciência**. Além disso, vamos chamar os 10% visíveis de **mente consciente** e os 90% ocultos de **mente subconsciente**. Outra palavra para consciente é *intencional*, porque representa a **ESCOLHA**.

De acordo com pesquisas científicas, sua mente consciente representa menos de 10% da função total de seu cérebro.

Isso significa que a mente subconsciente ou o aspecto *não intencional* de sua mente representa mais de 90% dela.

O ICEBERG DA CONSCIÊNCIA
© E ™ NOAH ST. JOHN

Seu subconsciente é uma vasta coleção de pensamentos, comportamentos e ações habituais não intencionais. Portanto, a expressão que melhor descreve a mente subconsciente é **SEM ESCOLHA**.

Dê uma olhada no aposento em que você está neste momento. O que aconteceria se eu entrasse nele e apagasse todas as luzes? Na verdade, eu removeria todas as suas fontes de luz. O local estaria totalmente escuro, e você não conseguiria ver nada.

O que aconteceria se eu lhe pedisse então para dispôr os móveis de maneira diferente? Você acha que seria bem-sucedido em rearranjá-los em um ambiente que está completamente às escuras? Resposta: não muito. Você bateria a canela na mesinha do café, se atrapalharia, e seria incapaz de fazer até a mais simples das mudanças.

O fato de você não conseguir rearranjar os móveis em um lugar onde não pode ver nada significa que é incapaz de rearranjar móveis? Claro que não! Você é perfeitamente capaz de rearranjar móveis — quando pode ver o que diabos está fazendo.

Sua mente subconsciente é como um lugar completamente escuro. Não sabemos o que está ali porque simplesmente não podemos ver — está oculto, abaixo da superfície, como os 90% abaixo de um iceberg. E quando não conseguimos ver algo, é incrivelmente difícil mudá-lo.

O que nos leva de volta à pergunta original...

Por que milhões de pessoas que investiram tanto tempo e dinheiro em autoaperfeiçoamento *ainda estão hesitantes*?

Juntando a Balança do Sucesso e o Iceberg da Consciência, a resposta torna-se surpreendentemente simples.

Os motivos por que você faz algo para obter sucesso são mantidos em sua mente consciente.

Todos querem ter sucesso... no nível consciente. Todos nós sabemos que ter sucesso é melhor que não ter! Por que você acha que estamos investindo todo esse tempo, dinheiro e energia tentando ser mais bem-sucedidos? Por isso, os Benefícios ou os motivos por que você faz algo para obter sucesso são mantidos em nossa mente consciente.

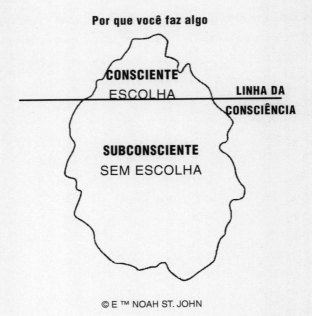

Mas alguma vez você já parou para pensar sobre o Custo de, na verdade, *permitir-se alcançar o sucesso?*

Fiz essa pergunta a milhares de pessoas em meus seminários, e a resposta que obtenho é... silêncio total. Seguido por um movimento ansioso de corpos nas cadeiras. Posso praticamente ouvir as mentes das pessoas em atividade enquanto elas se fazem a pergunta inesperada: *Puxa, nunca pensei nisso antes... Qual seria o Custo de, na verdade, eu me permitir alcançar o sucesso?*

Em outras palavras, você alguma vez pensou sobre o fato de que, se os motivos por que você faz algo para obter sucesso são mantidos na mente consciente, então...

Os motivos por que você não faz algo são mantidos em sua mente subconsciente.

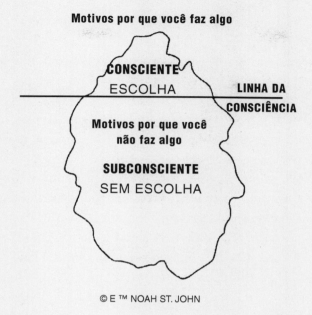

Quando peço às pessoas que participam de meus seminários para me darem exemplos do que possivelmente seria um **custo para o sucesso**, as respostas típicas incluem:

✔ Eu não vou demorar muito TEMPO para ser realmente bem-sucedido?
✔ Estou muito OCUPADO — veja minha lista de motivos para fazer algo!
✔ Não quero a RESPONSABILIDADE extra.
✔ E se minha FAMÍLIA não aprovar?
✔ E se MEU PARCEIRO ficar com ciúme de mim?
✔ E se alguém RIR de mim?

- ✔ E se meus AMIGOS não gostarem mais de mim?
- ✔ E se eu alcançar o sucesso e não puder SUSTENTÁ-LO?
- ✔ E se eu tiver de passar muito tempo LONGE de minha família?
- ✔ E se eu tentar e PERDER tudo?
- ✔ E se as pessoas descobrirem que sou uma FRAUDE?
- ✔ E se... e se... e se...

E essas são apenas as respostas imediatas! (Incluí a última para abranger todas as formas pelas quais também dizemos "e se..." para nós mesmos.)

Você notou alguma coisa em todos os motivos por que você não faz algo para obter sucesso? Todos eles são mantidos em sua mente subconsciente. O que isso significa? Ninguém acorda pela manhã, olha pela janela e diz: "Ahhh, o sol está brilhando, os pássaros estão cantando, e eu me sinto ótimo. Acho que vou impedir a mim mesmo de alcançar o sucesso hoje!"

Ninguém diz também: "Acho que vou comprar este livro (ou vou a esse seminário, ou vou iniciar um novo programa de treinamento) para aprender como aperfeiçoar minha forma de me sabotar!"

**Todo ser humano quer alcançar o sucesso
— no nível consciente.**

Porém, como os **motivos por que você não faz algo para obter sucesso** estão ocultos em sua mente subconsciente, é como se você estivesse percorrendo a estrada da vida... com o pé no freio.

POR QUE SEU PÉ ESTÁ NO FREIO

Digamos que você tenha trabalhado arduamente para tentar alcançar o sucesso. Talvez tenha iniciado um novo programa de treinamento, tenha ido a um seminário que realmente o incentivou ou tenha lido um novo livro que fez sentido para você. Passou a fazer mudanças positivas em sua vida. Seguiu as instruções. E quer saber? *Começou a dar certo.*

Depois de todo esse trabalho, essa concentração e todo o dinheiro que investiu, você realmente começa a conseguir o que estava buscando. Está indo na direção do objetivo almejado. Está progredindo, ganhando mais dinheiro. Está conseguindo um sucesso cada vez maior.

Então o que acontece? *O medo se apossa de você!*

Por mais loucura que possa parecer, você, na verdade, passa a ter a sensação conhecida como *medo* quando começa a conseguir aquilo por que se esforçou tanto para obter. Mas...

Por que alguém sentiria MEDO
quando começa a conseguir o que QUER?

Isso acontece porque, embora você não saiba, sua Balança do Sucesso começou a pender para um lado. Os motivos por que você não faz algo para obter sucesso em seu subconsciente — aqueles que você não pode ver, porque estão ocultos, lembra? — começaram a gritar silenciosamente para você: "*Ei, o que você acha que está fazendo? Você não vai dar conta disso! E se não conseguir prosseguir? Por que não para agora mesmo e evita o constrangimento mais tarde?*"

Então, o que você faz? O que qualquer pessoa faria nessa situação. Faz tudo o que é preciso para *parar* de sentir medo. Porque medo é uma dessas emoções que nós humanos fazemos qualquer coisa para evitar. Então, em vez de examinar o motivo pelo qual poderia estar sentindo isso, *você para de fazer aquilo que estava dando certo*. Pisa com força no freio. Faz uma "sabotagem" consigo mesmo, porque fazer isso é mais fácil que sentir medo.

Então, você passa a se acusar — porque pode encontrar justificativas para provar que estava certo! *Viu, eu disse: eu sabia que você não daria conta do recado. Por que tentar?*

Parece familiar? Se estiver assentindo com a cabeça neste momento, este livro foi escrito especialmente para você. Mas o que não foi examinado em tudo isso é um fato simples:

Um sentimento é um RESULTADO, não uma causa.

Sentimentos não surgem do nada. Quando experimenta um sentimento ou uma emoção, há algo acontecendo dentro de você que causou aquele sentimento. E o que causa o chamado "medo do sucesso" ou a "síndrome do pé no freio"? Os motivos por que você não faz algo para obter sucesso, ocultos em seu subconsciente.

Aqui, então, está o resultado final:

Você não está se impedindo de alcançar o sucesso por não saber "como ser bem-sucedido."

Você está se impedindo de alcançar o sucesso que é perfeitamente capaz de conseguir porque tem mais motivos por que não fazer algo para obter sucesso em seu subconsciente do que motivos por que fazer algo para obter sucesso no nível consciente.

Você se lembra de todos aqueles programas tradicionais de autoajuda que nos fazem gastar bilhões de dólares? Os programas tradicionais nos ensinam "como atingir o sucesso". E isso é bom, certo? Quero dizer, se quiser fazer alguma coisa, é bom saber como fazê-la.

E como todos nós queremos alcançar o sucesso, tudo de que precisamos é que nos ensinem "como chegar lá", para que todos nós sejamos bem-sucedidos... certo?

Por que você não vira a página para ver como você está se saindo com essa suposição...

CAPÍTULO 2

A pequena suposição que está custando uma fortuna a você

Digamos que você queira colocar um prego em uma parede. Acha que consegue? Claro que sim... Desde que tenha a ferramenta certa.

Agora, digamos — porque eu realmente gosto de você, realmente acredito em você e realmente quero que você alcance o sucesso — que, por causa de todos esses motivos, eu saí e (por sinal, com uma grande despesa e com um grande apreço) lhe trouxe uma caríssima, novíssima, vermelha e brilhante...

Motosserra.

Agora vá e coloque aquele prego na parede.

"Muuuuito bem", você deve estar pensando com seus botões. "Ele é bem-sucedido, então acho que deve saber o que está fazendo."

Você começa a golpear o prego com sua motosserra nova e brilhante.

Como é que está indo? Pergunto.

"Hum, não muito bem", você responde, tentando esconder os cortes profundos que acabou de fazer na parede.

Qual é o problema? Indago.

Você resmunga algo sobre como está tendo dificuldade e briga com a ferramenta. Então eu o incentivo e lhe digo o que você deveria fazer para colocar aquele prego na parede. Afinal de contas, *eu* fui capaz de pregá-lo! Assim, lhe dou diversos conselhos "úteis", como...

ESTABELEÇA SUAS METAS!

Visualize-as!

Acredite em você mesmo!

Trabalhe de maneira mais inteligente,
não com mais intensidade!

Você consegue!

Como você está indo agora?

O resultado continua praticamente o mesmo.

Note que estou sendo simpático. Estou acreditando em você. Estou lhe dizendo coisas que deveriam dar certo. Agora, o que acontece se eu puder ver que, mesmo depois de todos os meus maravilhosos conselhos, você *ainda* não consegue colocar o prego na parede?

Muito bem, vou responder, eu digo. *Você pode escolher qualquer motosserra que quiser!*

Eu lhe apresento uma prateleira cheia de motosserras — verdes, azuis, grandes, pequenas. *Escolha qualquer motosserra!*

Assim, relutantemente, você experimenta a verde porque, bem, talvez com ela você consiga. Depois a grande. Depois a pequena. O que acontece? O mesmo resultado.

Mas como você está se *sentindo* agora? Está motivado, incentivado, enlevado, psicologicamente preparado para pregar aquele prego na parede? Hum, não exatamente. Você deve, com certeza, estar dizendo para si mesmo: "Jamais vou conseguir colocar esse prego idiota na parede!"

E, mesmo que, de alguma forma, consiga colocar UM prego, quanto tempo, esforço e energia foram necessários? Você não está se sentindo deprimido, frustrado, zangado, ressentido, chateado, irritado, exasperado e estressado? Provavelmente, você vai querer exercer o mínimo possível dessa atividade de pregar-um-prego-na-parede.

Suas AÇÕES externas não se parecem com isto?

- ✔ Você reclama com outras pessoas, dizendo o quanto é difícil colocar pregos na parede.
- ✔ Você fala mal de mim — a pessoa que o ensinou a colocar pregos — pelas minhas costas.
- ✔ Você inventa qualquer desculpa para não voltar a colocar pregos na parede.
- ✔ Você desconta sua frustração em seus filhos ou em seu parceiro quando chega em casa.
- ✔ Sua saúde mental e emocional está sofrendo.
- ✔ Você procura meios de se medicar ou "espairecer", como ver TV ou navegar na internet, só para aliviar a tensão de colocar pregos na parede.
- ✔ Você está sempre procurando outro lugar, algum lugar melhor para trabalhar, porque seu trabalho é muito insatisfatório.

O verdadeiro problema NÃO é que você não possa realizar o trabalho.

O verdadeiro problema é que você está se culpando por não ser capaz de realizar um trabalho... Quando lhe deram uma ferramenta que é COMPLETAMENTE ERRADA para o trabalho que está tentando realizar.

As únicas soluções que lhe foram oferecidas são, basicamente, as mesmas ferramentas mas com embalagens diferentes! Assim, mesmo que a tarefa de colocar um prego na parede pareça fácil, se você nunca recebeu a ferramenta certa, ela continuará a ser muito, muito difícil.

Agora, há algo de errado numa motosserra? Claro que não! Motosserras são ferramentas muito úteis... se quiser cortar uma árvore. Mas se quiser colocar um prego em uma parede, elas não são nada úteis.

Quantas vezes você já viu o equivalente a isso que acabei de lhe mostrar em sua vida, carreira ou empresa? Quando faço essa pergunta em meus seminários, praticamente todas as mãos são levantadas. Todos nós já vimos exemplos de pessoas que tinham todo talento, inteligência e motivação no mundo, que foram solicitadas a "colocar pregos nas paredes" e receberam uma "motosserra". Aqui está apenas um pequeno exemplo dos números:

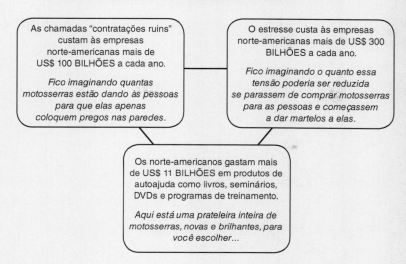

O problema não está nas contratações ruins, no estresse ou no consumo exagerado. O problema é que estamos à procura do "martelo" para colocar aquele prego na parede... mas tudo que nos dão são motosserras.

A SUPOSIÇÃO

Todos nós conhecemos pessoas que investiram muito tempo, dinheiro e energia em programas tradicionais de autoajuda, mas que ainda estão impedindo a si mesmas de conquistar o sucesso que são perfeitamente capazes de alcançar. (Hum, talvez você conheça alguém assim... *intimamente*?) Mas como e por que isso pode acontecer?

Nos programas tradicionais de autoajuda, aprendemos "como ser bem-sucedidos" — o que eu chamo de **por que você faz algo para obter sucesso**. Isso acontece porque os professores tradicionais da autoajuda partem do princípio de que tudo de que precisaríamos seria alguém que nos mostrasse como alcançar o sucesso e, então, é claro, seríamos bemsucedidos.

Eles nos ensinam os motivos por que devemos fazer algo para obter sucesso por causa de uma única suposição — uma suposição que acabamos descobrindo ser falsa. Partem dessa suposição sem nem ao menos pensar nela, porque seria totalmente ilógico pensar de outra forma. No entanto, essa simples suposição está lhe custando uma fortuna agora.

Programas tradicionais nos ensinam os motivos para fazer algo para obter sucesso porque os professores tradicionais partem da suposição de que você e eu temos mais motivos para fazer algo para obter sucesso do que motivos para não fazer algo para obter sucesso.

Na verdade, eles estão certos *em parte*. Todos *têm* mais motivos para fazer algo para obter sucesso — mas somente no nível consciente. É por isso que continuamos a gastar bilhões de dólares em todos esses programas de autoajuda!

Você se lembra do nosso iceberg? O simples fato de não poder ver os motivos por que não faz algo para obter sucesso não significa que eles não existam. Eles existem sim, ocultos no subconsciente, onde impedem que você consiga a coisa que mais deseja. **Mas...**

ESSA AINDA NÃO É A PARTE MAIS INCRÍVEL — MAS SIM ESTA

Aqui está a parte mais incrível disso tudo — e ela representa a chave para sua liberdade, seu sucesso e sua realização:

Você jamais pode solucionar um problema de Por que fazer algo com uma solução de Como fazer algo.

Leia a frase novamente. Porque, se está se impedindo de conquistar o sucesso, seu problema não é como fazer algo. Seu problema é o motivo por que você faz alguma coisa e o motivo por que você não faz alguma coisa. *Você jamais pode solucionar o problema de por que fazer algo com uma solução de como fazer algo.*

Isso explica por que:

- Os norte-americanos gastam bilhões de dólares por ano em programas de autoajuda e, no entanto, muitos deles continuam parados no tempo.
- Você já gastou milhares, talvez dezenas de milhares de dólares em programas de autoajuda que vão parar na prateleira... e ainda está com seu pé no freio.
- As pessoas mais bem-sucedidas do mundo, aquelas que lecionam em todos aqueles programas que ensinam "como alcançar o sucesso", jamais poderão dizer a você como tirar seu pé do freio... porque elas *se permitiram* ser bem-sucedidas de forma *inconsciente*.

E isso também explica por que as pessoas que você vai encontrar nas páginas seguintes — que seguiram os passos revelados neste livro — conseguiram:

✔ Duplicar, triplicar, e até mesmo quintuplicar sua renda em menos de um ano.

✔ Perder 10 quilos em sessenta dias sem estresse ou dietas.

✔ Converter sua renda anual em sua renda mensal — até mesmo em sua renda *semanal.*

✔ Superar os momentos mais sombrios de desespero e desamparo para alcançar a grandeza e encontrar a realização.

Esses são apenas alguns dos resultados surpreendentes que meus alunos viram em suas vidas, carreiras e relacionamentos. E você também pode conseguir isso — desde que siga *O código secreto do sucesso.*

Ah, tenho mais uma coisa para mostrar a você...

OS QUATRO PASSOS DOS PROGRAMAS DE AUTOAJUDA TRADICIONAIS

Estou prestes a fazer com que você economize uma tonelada de dinheiro, anos de sua vida e muita frustração. Como? Dando-lhe os quatro passos de todo programa tradicional de "como alcançar o sucesso". Aqui estão eles:

1. **Estabeleça suas metas** (saiba o que você quer)
2. **Faça algo** (aja a favor de suas metas)
3. **Avalie** (estou chegando perto de minhas metas ou não?)
4. **Tente novamente** (ajuste sua abordagem até atingir suas metas)

Se você já passou pela experiência de um livro, palestra ou seminário de autoajuda, provavelmente já ouviu esses mesmos quatro passos, várias e várias vezes, embalados de maneiras diferentes. E eles parecem ser ótimos, não é? Você já sabia disso, não sabia?

Então, você já tem tudo o que quer, certo?

(*cri-cri-cri*)

O que foi isso?

Você *não* tem tudo o que quer? Bom, o que há de errado com você?

Ah, você não deve estar suficientemente *motivado*.

Ou então não *se esforça* tanto quanto devia.

Ou não é suficientemente *inteligente*.

Ou talvez você seja *incapaz* de alcançar o sucesso.

Espere um minuto! Você está de brincadeira? Esqueça todas essas frases. Afinal de contas, não é possível que sejamos tão bobos.

OS QUATRO PASSOS DO MUNDO REAL

Assim como os programas tradicionais de autoajuda nos deram esses quatro passos, também existem quatro passos *no mundo real* — ou seja, no planeta Terra. Aqui estão os quatro passos básicos que observei sobre o mundo real (veja se você também os acha verdadeiros):

1. **O nevoeiro** (não sabemos o que realmente queremos)
2. **Trabalho interminável** (Estamos realmente muito ocupados, mas não estamos chegando a lugar nenhum)

3. Sensação de fracasso (nós nos comparamos a todas as outras pessoas e nos sentimos inferiores)

4. Tentar novamente (continuamos tentando e esperando que as coisas sejam diferentes)

No primeiro passo, não sabemos realmente o que queremos... ou não sabemos o que *realmente* queremos... ou não *acreditamos* que é possível ter o que realmente queremos... ou temos *medo*: "O que fulano ou fulana vai dizer se eu conseguir o que realmente quero?"... ou *pensamos*: "Acho que nunca vou conseguir o que realmente quero"... ou "E se eu conseguir o que realmente quero e nem assim ficar feliz?"... ou...

Entendeu? Temos um **nevoeiro**.

No segundo passo, nos vemos em um **trabalho interminável**. Você alguma vez já sentiu como se estivesse numa esteira? Você se esforça arduamente ... mas não chega a lugar nenhum!

Veja a lista de coisas que devo fazer... estou muito, muito, muito ocupado... mas essa visão é sempre a mesma!

E, algumas vezes, a esteira está inclinada, feito ladeira — *Ufa! Estou trabalhando, trabalhando, trabalhando, estou muito, muito, muito ocupado!* Mas as coisas ainda não mudaram.

Trabalho interminável. Está me acompanhando?

Agora, chegamos ao terceiro passo crítico, **sensação de fracasso**. Preste atenção. Existe um paralelo incrível entre o que aprendemos em programas tradicionais de autoajuda e o que encontramos no mundo real:

- Nos programas tradicionais de autoajuda disseram que você deve *estabelecer suas metas*. Bem, não sabemos realmente o que queremos, assim, temos um *nevoeiro*.

- Então nos disseram que devemos *fazer alguma coisa*. Bem, nós estamos muito, muito, muito ocupados, não estamos? Assim nos vemos com um *Trabalho interminável*.
- Então nos disseram que devemos *avaliar* nosso progresso. Bem, qual é a *avaliação subconsciente* que fazemos de nosso progresso?

É isso mesmo — temos uma sensação de fracasso. Sentimos que todas as outras pessoas estão sendo mais bem-sucedidas do que nós. Não entendemos por que investimos todo aquele tempo, dinheiro e energia em todos esses programas de autoajuda... e ainda estamos parados no tempo.

Olhamos para todos os equipamentos, os esquemas para ganhar dinheiro, as pílulas para emagrecer, os conselhos para melhorar nosso relacionamento, todos os produtos e programas em que investimos e que foram parar na prateleira — e então olhamos para onde estamos na vida e como nos sentimos amarrados — e, por dentro, nos sentimos fracassados.

Eu passei anos de minha vida nesse passo. *Não quero que você passe nem mais um minuto nele.*

No entanto, mesmo com tudo isso — todos os anos de frustração e dezenas de milhares de dólares que gastamos (sem muita coisa para mostrar em troca disso) — ainda seguimos até o Passo 4 e **tentamos novamente**.

Veja, você *está* motivado. Quer *realmente* alcançar o sucesso. *Continuou* tentando, embora possa ter "fracassado" no passado. Você realmente merece uma medalha por continuar insistindo, mesmo diante do fato de não alcançar os resultados que queria... Mesmo que jamais tenha recebido a ferramenta certa para realizar o trabalho!

Agora, está pronto/a para o maior choque de todos? Aí vai:

Se quiser alcançar seu potencial pleno, você não precisa de mais nenhuma informação sobre "como ser bem-sucedido".

Sei que isso parece ser uma loucura, ou até mesmo uma blasfêmia para aquelas pessoas que já gastaram toneladas de dinheiro em todos os programas que ensinam "como ser bem-sucedido". Mas essa é justamente a questão. Você investiu todo esse tempo, dinheiro e energia... e ainda não está onde quer estar... e seu pé ainda está no freio.

É por isso que não vou lhe ensinar "como ser bem-sucedido" — não porque eu não queira, mas *porque não preciso*. Outras pessoas já lhe disseram tudo o que você precisa saber sobre "como ser bem-sucedido".

Agora é hora de você se permitir alcançar o sucesso com seu potencial pleno. É hora de tirar seu pé do freio na vida, na carreira e nos relacionamentos para sempre. E vou lhe mostrar exatamente como fazer isso...

UMA RÁPIDA RECAPITULAÇÃO

1. Há um segredo para nos tornarmos altamente bem-sucedidos. O segredo é: Existe uma enorme e fundamental diferença entre "como ser bem-sucedido" e *como se permitir ser bem-sucedido*. O problema é que as pessoas que são inconscientes em relação a se permitirem ser bem-sucedidas não podem revelar como fazer isso — pelo motivo exato de que estão fazendo isso *inconscientemente*.

2. O que realmente causa o comportamento humano são os motivos por que você faz algo para obter sucesso e os motivos por que você não faz algo para obter sucesso — os motivos pelos quais *você percebe* por que fazer ou não fazer algo.

3. Portanto, o motivo pelo qual você está se privando de alcançar o sucesso não tem nada a ver com como você faz alguma coisa. Ele tem a ver com descobrir os motivos subconscientes por que você não faz algo para que você *se permita* ser realmente bem-sucedido.

4. Privar-se do sucesso é um problema dos motivos por que você faz algo e dos motivos por que você não faz algo. **Você jamais pode solucionar um problema de Por que fazer com uma solução de Como fazer**.

5. Os programas tradicionais nos ensina como alcançar o sucesso. Embora não haja nada de errado com isso, tentar tirar seu pé do freio usando métodos tradicionais é como tentar colocar um prego em uma parede usando uma motosserra.

6. Isso explica por que milhões de pessoas e organizações estão gastando bilhões de dólares a cada ano em todos os programas que ensinam "como alcançar o sucesso" que existem... e, mesmo assim, a maioria ainda se sente presa no mesmo lugar.

7. Se quiser tirar seu pé do freio para sempre, pare de gastar seu dinheiro conquistado com tanta dificuldade em programas de autoajuda. Em vez disso, concentre-se nos motivos por que você faz algo para obter sucesso e nos motivos por que você não faz algo para obter sucesso, e escolha os passos apropriados para restaurar o equilíbrio. Por quê? Porque o uso da ferramenta certa — os passos oferecidos neste livro — vai produzir maiores resultados de forma mais rápida e fácil, e com menos esforço do que você tem feito até agora.

CAPÍTULO 3

O código secreto revelado

Você já notou que, às vezes, uma ideia simples pode mudar totalmente o curso de sua vida? Na noite de 20 de outubro de 1997, "acidentalmente" fiz uma descoberta que provocou isso em mim. Desde então, dezenas de milhares de pessoas do mundo todo têm usado o que descobri para mudar suas vidas também.

Naquela noite decisiva de outono, eu estava participando de um seminário sobre problemas alimentares. Lembra-se de que eu contei que já trabalhei em uma série de empregos depois que saí, pela primeira vez, da faculdade? Um desses empregos foi como bailarino profissional. Depois de me apresentar com diversas companhias, de norte a sul do país, decidi voltar à faculdade para obter meu diploma de estudos religiosos.

Na manhã de minha descoberta, vi em uma livraria local o anúncio de um seminário sobre transtornos alimentares, que seria realizado naquela noite. Embora eu nunca tenha tido qualquer transtorno alimentar, muitos de meus amigos e colegas passavam por isso. Assim, decidi assistir ao seminário para aprender por que as pessoas são capazes de fazer isso consigo mesmas.

No seminário, a palestrante descreveu por que tantas pessoas inteligentes, criativas, talentosas e sensíveis — em sua maioria moças — desenvolvem transtornos alimentares e chegam a passar fome. Ela disse que não é uma questão de nutrição ou da necessidade de ensinar-lhes que alimentos ingerir. Por já ter trabalhado com milhares de pessoas em sua clínica, a especialista concluiu que alguém que sofre de um transtorno alimentar está nutrindo *um desejo de não estar aqui na Terra*. Em essência, ela quer *desaparecer* — para *punir-se* por causa de uma autoimagem profundamente negativa.

Enquanto a palestrante continuava a descrever pessoas que passavam fome voluntariamente, notei algo que nunca esperei ver — ela estava *me* descrevendo exatamente como sou. Ela disse que pessoas que se abstêm de comer são inteligentes, criativas, talentosas e motivadas. Confere, confere, confere e confere. Disse que são estudantes que, constantemente, tiram notas altas e superam as expectativas na escola. Confere. Disse que são altamente sensíveis às necessidades dos outros e colocam os sentimentos e as necessidades de outras pessoas à frente dos seus. Confere e confere.

Então, ela disse que esses indivíduos se contentam com migalhas enquanto outras pessoas ao seu redor estão se saciando. Embora eu soubesse que isso não era verdade com relação aos alimentos (gosto de comida e sinto prazer em comer), pensei comigo mesmo: "E se extrapolarmos o sentido literal e virmos que eu me contento com *as migalhas da vida* — enquanto ajudo constantemente outras pessoas a seguirem em frente, mesmo em detrimento de minha própria existência?"

Espere um minuto, pensei. *Tenho me contentado com migalhas minha vida inteira.*

Foi naquele momento que um raio caiu — e minha vida fez sentido pela primeira vez.

A INANIÇÃO DO SUCESSO

Quando falamos de inanição ou transtornos alimentares como anorexia e bulimia, estamos normalmente nos referindo ao comportamento em relação aos alimentos. Por exemplo, quando dizemos que alguém apresenta um problema chamado *anorexia,* estamos tipicamente descrevendo um padrão comportamental marcado por uma aversão ou um *repúdio* aos alimentos. Quando alguém tem *bulimia*, significa que tem um comportamento tipicamente caracterizado por *um apetite insaciável seguido pela eliminação* do alimento (empanzinamento de comida e então o vômito induzido).

Até aquele momento, ninguém jamais havia pensado que os comportamentos de inanição pudessem ser relacionados com qualquer coisa a não ser com os alimentos. Imagino que a suposição era de que, além dos alimentos, o que mais os seres humanos consomem (de que, portanto, poderiam se privar)?

Mas, naquele instante, tomei conhecimento de que eu estava me contentando com *as migalhas da vida*, percebi que havia algo mais de que nós humanos poderíamos sentir falta e que esse método de inanição, anteriormente incompreendido, estava afetando milhões de pessoas. O que ninguém havia considerado antes era que os seres humanos podiam ter *inanição do sucesso*.

Pense nisso por um momento. As mulheres, desde o início da História, aprenderam que seu valor vem de seus corpos físicos. Embora seja politicamente incorreto dizer isso, o fato é que, durante a maior parte da história da civilização, as mulheres foram tratadas como propriedades, vendidas e adquiridas com os propósitos de casamento e procriação.

Mas não se engane: *O valor de uma mulher não vem de seu corpo!* No entanto, desde que o mundo é mundo, os seres humanos femininos *foram ensinados* — implícita e explicitamente — que seu valor se origina de seus atributos físicos.

Então, digamos que você tenha um ser humano a quem foi *dito,* desde o início dos tempos, que seu valor vem de seu corpo físico (embora não seja verdade, isso é o que lhe *ensinaram*). Digamos ainda que essa pessoa desenvolva uma autoestima realmente negativa e um senso de valor muito abaixo do que realmente é. Temos então uma pessoa que aprendeu que seu valor vem de seu corpo físico... e que possui um senso de valor muito baixo...

Não faz sentido que essa pessoa vá *punir* essa parte de si mesma, de onde ela *aprendeu* que vem seu valor — ou seja, seu próprio corpo? E se você vai punir inconscientemente seu próprio corpo, não faz sentido que passe a ter *inanição de alimentos?*

Acabei de mostrar a você, em poucas frases, o que faz com que uma pessoa desenvolva um transtorno alimentar.

Entendo que não tenha sido dito a nenhuma mulher que esteja lendo este livro, de maneira literal, "seu valor vem de seu corpo físico". Mas se você vive no planeta Terra e é mulher, é praticamente impossível que essa convicção não a tenha afetado — simplesmente porque ela existe há muitos séculos. O que nos leva a...

O OUTRO SEXO

Em outras palavras, os homens.

De onde é que os *homens* aprenderam que vem seu valor? Os homens, desde o início da História humana, *aprenderam* que seu valor vem de suas posses, seus títulos, cargo, patrimônio, suas propriedades, do valor da conta bancária — o que eu chamo de *corpos materiais* (em oposição a *corpos físicos*).

Embora também seja bastante politicamente incorreto dizer isso, é inegável que os homens têm sido julgados quase que exclusivamente pelo que possuem ou são capazes de ganhar — e pela capacidade de trazer o sustento para dentro de casa. Naturalmente, não é daí que vem o valor de um homem — é apenas o que lhe *disseram* ou *ensinaram*.

Sendo assim, o que acontece se um ser humano ouve, desde o início dos tempos, que seu valor vem não de seu corpo físico, mas de seu corpo material (embora isso não seja verdade, mas apenas o que lhe *ensinaram*)? Digamos ainda que essa pessoa desenvolva uma autoestima realmente negativa. É alguém que *aprendeu* que seu valor vem de seu corpo material... e que possui um senso de valor muito baixo...

Não faz sentido que ele vá punir aquela parte de si mesmo, de onde *aprendeu* que vem seu valor — ou seja, seu corpo material? E se você vai punir inconscientemente seu próprio corpo material, não faz sentido que passe a ter *inanição de sucesso?*

A CONDIÇÃO SEM NOME

Acabei de lhe mostrar qual é a causa de algo em que você, provavelmente, jamais pensou antes, porque nunca teve um nome, porque ninguém sequer percebeu sua existência antes. É o chamado **transtorno do sucesso**.

O que é um transtorno do sucesso? É o que acontece quando uma pessoa desenvolve uma autoconfiança profundamente negativa — o que eu chamo de **lixo mental** — e desenvolve, inconscientemente, um padrão de comportamento marcado por uma *aversão ou um repúdio ao sucesso*.

Sei que isso parece loucura — exceto para as milhões de pessoas que vêm fazendo isso durante todas as suas vidas sem saber. Às 20h20 do dia 20 de outubro de 1997, tornei-me a primeira pessoa a perceber a existência de uma condição à qual dei o nome de **anorexia do sucesso**.

Por causa disso, percebi também que a *inanição* podia estar relacionada com coisas além dos alimentos — e que eu e dezenas de milhões de pessoas no mundo todo estávamos, inconscientemente, *nos privando do sucesso* — mas não tínhamos ideia do que fazíamos, muito menos de como solucionar o problema.

Foi quando percebi que deveria compartilhar essa informação com as milhões de pessoas que, como eu, estavam, inconscientemente, se afastando do sucesso que éramos perfeitamente capazes de alcançar.

E foi nesse momento que nasceu *O código secreto do sucesso*.

PRESSÕES EM BÔNUS PARA AS MULHERES

Você percebeu algo nos exemplos na seção anterior? Eu mostrei por que as pessoas que se entregam à inanição por alimentos normalmente são mulheres, enquanto que as pessoas que se entregam à inanição pelo sucesso normalmente são homens. Mas e se você for uma *mulher* que está se entregando à inanição pelo sucesso? Como isso poderia acontecer?

A resposta é simples: Durante os últimos cinquenta anos, as mulheres entraram no mercado de trabalho em números sem precedentes. Na verdade, hoje as mulheres que trabalham são mais numerosas que os homens, e pesquisas mostram que elas estão iniciando novos negócios em um índice ainda mais alto.

Você consegue adivinhar o que isso significa para a mulher moderna? Além de terem aprendido que seu valor vem de seus corpos *físicos*, elas agora estão sendo informadas de que seu valor vem de seus corpos *materiais*!

Isso significa que as mulheres agora enfrentam pressões duplas, por terem de "parecer perfeitas" (pressão do corpo físico — a avaliação tradicional das mulheres) e também por precisarem ter "a carreira perfeita" e "sustentar a família" (pressão do corpo *material* — a avaliação tradicional dos homens).

Tenha em mente que nenhuma dessas pressões é mencionada no cotidiano. Elas ficam à espreita, sob a superfície, e nunca são tratadas abertamente... mas estão sempre ali, afetando milhões de mulheres e homens no mundo inteiro — embora pouquíssimas pessoas tenham plena consciência delas.

O resultado é que a mulher moderna pode estar sofrendo de inanição de alimentos *e* de sucesso! Muitas de minhas alunas me procuraram pedindo ajuda porque estavam se privando do sucesso, e então me contaram que já sofreram de anorexia ou de bulimia em algum momento de suas vidas. Embora você jamais tenha sofrido de um transtorno alimentar, se for mulher, provavelmente também está enfrentando essas pressões não mencionadas da vida moderna.

AS DUAS VERDADES

Alex Mandossian, fundador da editora Heritage House e um de meus primeiros mentores, sempre disse que existem duas verdades na vida:

1. Todos têm potencial.
2. Ninguém ainda o alcançou.

Mas por que isso acontece? Depois de ter trabalhando com milhares de pessoas em meus seminários e programas de treinamento, cheguei à conclusão de que nós, seres humanos, apesar de temermos *não ser* quem realmente somos, tendemos a temer ainda mais *sermos* quem realmente somos.

Meu amigo Neale Donald Walsch, autor da série *Conversando com Deus*, fez uma declaração elegante quando disse: "Desde o início dos tempos, tudo o que temos desejado é amar e sermos amados. E desde o início dos tempos, tudo o que temos impedido que aconteça é amar e sermos amados."

É por isso que o propósito deste livro é lhe dar permissão de ser quem você realmente é — *permissão para alcançar o sucesso*. Como é que você pode conquistar essa permissão se ainda não a tiver?

Simples. Você só precisa seguir o código secreto que as pessoas ricas e felizes do mundo estão seguindo inconscientemente.

Um código que elas nem sabem que estão seguindo e sobre o qual não podem falar — não porque não queiram, mas porque o sucesso se tornou tão inconsciente para elas quanto respirar ou dirigir um carro para o restante de nós.

Então, você finalmente descobrirá o quanto é surpreendente viver sua vida sem seu pé no freio...

CONHEÇA O GRUPO DOS TRÊS POR CENTO

Quero apresentar-lhe um grupo de pessoas muito especial. Na verdade, você já as viu na TV ou no cinema, e, certamente, já as viu no palco, conquistando prêmios e mais prêmios na convenção anual de sua empresa.

São as pessoas mais bem-sucedidas do mundo. Elas ostentam grande parte da riqueza, felicidade, alegria, paz, saúde e relacionamentos amorosos — em outras palavras, possuem uma grande parcela de tudo aquilo que nós, seres humanos, queremos enquanto passamos por esta jornada chamada Vida.

Preste atenção: neste livro, falo de pessoas realizadas e ricas — o que chamo de ser feliz e rico. Existem muitas pessoas com muito dinheiro que são infelizes, e pessoas que estão sem grana mas são felizes (embora não sejam muitas). Mas tenho observado que, embora muita gente acredite que possamos ser ou felizes ou ricos, há uma pequena porcentagem de pessoas que entende que podemos ser as duas coisas.

A essas pessoas especiais dou o nome de **Três Por Cento**. Por quê? Bem, você já ouviu falar da Regra 80/20 (também conhecida como o Princípio de Pareto) — segundo a qual 80% de seus resultados advêm de 20% de seus esforços. Mas, na sociedade de hoje, parecemos ter o que eu chamo de

Regra 97/3 — segundo a qual cerca de 3% da população detêm a maior parte das grandes riquezas do mundo, enquanto a maioria dos 97% restantes lutam apenas para subsistir.

Embora esses números não sejam precisos nem inalteráveis, olhe ao seu redor e você mesmo poderá verificá-los. Olhe ao redor de sua empresa e você verá que os mesmos dois ou cinco vendedores sempre, *sempre*, conquistam os principais prêmios — enquanto o restante jamais ganha nada. Observe os relacionamentos pessoais ao seu redor e note que uma pequena minoria de casais sempre mantém um casamento *feliz*; os outros simplesmente continuam casados. Olhe ao redor no shopping e note quantas pessoas estão em boa forma física e saudáveis... e quantas não estão. Olhe ao redor do mundo e veja que somente uma pequena porcentagem da população mundial é representada pelos que têm, e o restante são os que não têm (ou, pelo menos, que não têm muito).

Bem, você pode dizer que isso não é justo. Dinheiro, riqueza, saúde, felicidade — essas coisas deveriam ser distribuídas igualmente a todas as pessoas. Você tem razão, deveriam — e, na verdade, são. Acontece que poucas pessoas escolhem tê-las e fazem um uso correto delas.

Essas poucas pessoas "sortudas" são os Três Por Cento. Mas aqui está o grande segredo:

Você também pode fazer parte dos Três Por Cento... mas apenas se aprender e seguir o código secreto.

SÓ MAIS UMA COISA

"A-ha", posso ouvir você dizendo. "Eu *sabia* que havia um porém!"

É, há um porém, realmente.

Se você acredita que grande parte da riqueza, saúde, felicidade, alegria, amor, oportunidade — em suma, todas as coisas que nós, humanos, queremos — está nas mãos de 3% da população mundial, precisa entender que ela, na verdade, não está "nas mãos" de ninguém, em nenhum lugar. Ninguém pode manter amor, dinheiro ou oportunidade longe de você, assim como ninguém pode impedi-lo de atingir seu potencial pleno.

Mas o mais incrível sobre os Três Por Cento, e que vai contra eles, é que *na verdade eles não podem lhe contar como chegaram lá!*

Você alguma vez já ouviu uma palestra, leu um livro ou foi a um seminário dado por um dos Três Por Cento? Sim — só que não percebeu. Lembra-se do último seminário que você foi sobre autoaperfeiçoamento? Do último livro sobre como aumentar suas vendas e ampliar seu negócio? Daquela palestra dada pelo investidor megamilionário?

Aquele seminário, livro ou palestra provavelmente foi dado ou escrito por alguém que era inconscientemente competente em se permitir alcançar o sucesso. Em outras palavras, alguém pertencente aos Três Por Cento.

O que eu quero dizer com *inconscientemente competente em se permitir alcançar o sucesso*? Quando está tentando fazer algo novo — andar, amarrar seus sapatos, dirigir um carro, ganhar 1 milhão de dólares, ganhar 100 milhões de dólares —, os quatro níveis de competência pelos quais você passa são:

1. *Incompetência inconsciente*: você não sabe que não sabe.

2. *Incompetência consciente*: você sabe que não sabe.

3. *Competência consciente*: você sabe que sabe.

4. *Competência inconsciente*: você faz sem qualquer pensamento consciente.

Pense em dirigir um carro. Lembra-se da primeira vez que entrou em um carro quando era criança? Eu não me lembro. Não me lembro de ter pensado: "Puxa, quando eu for grande e alto e puder alcançar os pedais com meus pezinhos, o que será que vou sentir quando dirigir este... como é mesmo o nome desta coisa?"

A questão é que você ficou sentado no banco de trás (a menos que seus pais o tenham deixado dirigir quando você ainda era criança e, nesse caso, vamos precisar ter uma conversa séria), e o pensamento de dirigir um carro jamais passou por sua mente. Por que deveria passar? Você era uma criança, pelo amor de Deus!

Então, quando atingiu a idade de, digamos, 12 anos, você começou a pensar: "Ei, esses adultos patetas têm essas coisas estranhas chamadas carros e eles nos levam para onde queremos e quando queremos... e tudo que eu tenho é uma bicicleta, e eles não me deixam passear com minha bicicleta na estrada para que eu não possa ir muito longe... Acho que quero um carro!"

E seu próximo pensamento foi: "Mas o que eu preciso para conseguir isso?"

Então você teve de esperar mais alguns anos antes entrar para a autoescola... Aí você pensou: "Agora está bem melhor! Já posso ir para onde quiser, quando quiser, e ninguém vai me dizer o que devo fazer!" Bem, você não estava exatamente certo em relação a isso, mas, mesmo assim, seguia seu próprio caminho.

E hoje? Você está em seu carro, falando ao telefone, tomando café, retocando sua maquiagem, olhando para os motoristas ao seu redor, procurando uma boa emissora de rádio, pensando sobre sua próxima reunião, fazendo com que um de seus filhos pare de torturar o outro ou, pelo amor de Deus, vou estacionar este carro... e, ah, sim, dirigindo. Depois de todos esses anos e anos esperando, esperando e esperando, você passa a dirigir um carro *inconscientemente*.

Quando está dirigindo um carro hoje, você por acaso pensa sobre todos aqueles anos de espera, espera e espera? Claro que não! Antes de eu ter tocado no assunto, quando foi a última vez que você pensou em todos aqueles longos anos de espera até poder dirigir um carro? Vejamos: nunca?

Exatamente.

COMO APRENDER COM PESSOAS INCONSCIENTES

Vamos voltar ao grupo dos Três Por Cento — aquelas pessoas que têm o que o restante do mundo quer. Muitos desses Três Por Cento sabem que poderiam ajudar pessoas (e ganhar muito dinheiro) ensinando a elas os chamados "segredos do sucesso". Em outras palavras, ensinar "como cheguei lá".

Tenho certeza de que muitos deles fazem isso porque realmente querem ajudar as pessoas. E eles têm boas intenções. Há apenas um problema...

Quando você é inconscientemente competente em alguma coisa, com frequência não sabe como está realmente fazendo aquela coisa.

Por exemplo, quando trabalhei como bailarino profissional, eu era bom, mas nunca o principal bailarino. Eu suava, ensaiava até não poder mais e tentava mais que qualquer outro, mas não era tão competente quanto os que mais se destacavam. Algumas vezes, quando estava tendo problema com algum passo em particular, eu notava quem estava completando aquele mesmo passo de forma natural e pedia a eles que me ensinassem como fazê-lo. E eles diziam algo como: "Basta fazer... Gire sua cabeça... e rodopie!" ou outra coisa totalmente inútil!

Um dia, percebi que não ia conseguir nada e pedi a um dos membros mais antigos da companhia para me ajudar. Ele não era o maior nem o mais forte, mas era o melhor *professor*, porque, pacientemente, me mostrou como completar os passos, dividindo-os até que eu os tivesse dominado. Definitivamente, ele *não* era um dotado, e nem eu — mas embora os dotados não me ajudassem em nada, aquele homem me ajudou mais do que qualquer um deles, porque me mostrou passo a passo o que eu precisava fazer.

Acontece a mesma coisa com o fenômeno chamado sucesso. Quase todos os livros, palestras e seminários de autoajuda que você vê são dados ou escritos pelos Três Por Cento — os **dotados do sucesso**. Não estou sugerindo que eles não se esforcem ou que não tenham feito sacrifícios para chegar aonde chegaram. Os dotados precisam se esforçar arduamente, assim como o restante de nós. Mas meu ponto é o seguinte:

As verdadeiras causas do sucesso são frequentemente ocultas e contraintuitivas, mesmo para aqueles — especialmente! — que são dotados do sucesso.

Há algo que os dotados (os Três Por Cento) estão fazendo e não sabem como. E, independentemente de quantas vezes contarem a você seus "segredos do sucesso", eles não conseguirão revelar algo sobre o qual não têm plena consciência. É como dizer a um peixe: "E aí, me fale sobre a água!"

Foi isso — e uma inesperada guinada do destino — que levou uma pessoa com alto nível de escolaridade e um desempenho abaixo de seu quociente de inteligência como eu a perceber que os Três Por Cento seguiam um código a respeito do qual eles não eram conscientemente informados. Se ao menos pudéssemos segui-lo...

SER E FAZER

O código secreto do sucesso é um *estilo de vida* que envolve *ser* e *fazer*. É um código de vida, e não um daqueles códigos que se usa para abrir um cofre.

A forma de *ser* é, primeiro, descobrir quem você realmente é, e a forma de *fazer* é agir de acordo com quem você realmente é. Juntos, o ser e o fazer vão permitir que você chegue ao sucesso até atingir seu potencial pleno. Como fazemos isso? Seguindo os sete passos de *O código secreto do sucesso*.

Você pode estar imaginando por que, para começo de conversa, *O código secreto do sucesso* é "secreto". Por que *ninguém* conhece esse código? Acredito que ele tenha se mantido em segredo por tanto tempo por dois motivos principais:

1. Porque os Três Por Cento também não sabem que ele existe, já que, em primeiro lugar, não têm consciência de que o estão seguindo.

2. Porque o código não pode ser encontrado no mundo consciente de exigências e pressões diárias, mas está no subconsciente e exige uma nova forma de observar o fenômeno chamado sucesso.

O código secreto do sucesso revela o que os Três Por Cento fazem de maneira inconsciente *e que jamais poderiam contar a você*, porque são inconscientemente competentes em se permitirem alcançar o sucesso.

AFINAL, POR QUE DEVO SEGUIR O CÓDIGO?

Você pode estar se fazendo esta pergunta agora mesmo. Na verdade, é impossível seu cérebro *não* fazer esta pergunta! (Lembra-se da nossa Balança do Sucesso?) Então vamos botar nossas cartas na mesa, imediatamente.

Tendo trabalhado com dezenas de milhares de pessoas em meus seminários e programas particulares de treinamento, estes são os sete principais benefícios (motivos por que você faz algo) que tenho observado meus alunos experimentarem a partir do momento que começam a vivenciar o código:

1. Você vai se livrar do lixo mental que o está impedindo de alcançar o sucesso.

2. Vai se permitir ganhar mais dinheiro.

3. Seus esforços de vendas/recrutamento vão melhorar.

4. Vai melhorar o relacionamento consigo mesmo e com outras pessoas.

5. Sua autoconfiança vai aumentar naturalmente.

6. Vai experimentar sentimentos mais intensos de felicidade, união, alegria, entusiasmo e amor.

7. Vai conhecer e começar a viver seu propósito na Terra.

CHEGA DE LIXO MENTAL

Quando segue o código, o grande benefício que você experimenta (e a grande promessa deste livro) é que vai eliminar as *causas* da autossabotagem, do medo do sucesso e da síndrome do pé no freio. Quero que você entenda algo que é absolutamente essencial aqui: comportamentos autodestrutivos, que impedem você de alcançar o sucesso, são precisamente isso — comportamentos.

Um **comportamento** é algo que você faz e que é causado por outra coisa. Não fazemos nada sem um motivo. *As verdadeiras causas de todo comportamento humano são os motivos por que você faz algo e os motivos por que você não faz algo.* Isso nos leva a uma das verdades fundamentais em minha abordagem que, em si, representa uma importante mudança do campo do autoaperfeiçoamento:

Você não pode mudar seu comportamento no nível do comportamento.

Permita-me dar um exemplo. Se você já tem idade suficiente para ler este livro, provavelmente toma uma chuveirada ou um banho em uma banheira todos os dias antes de ir ao trabalho, à escola, ou antes de iniciar seu dia. Por quê? Porque não iria gostar do jeito que se sentiria se não fizesse isso!

Agora, se você quisesse, poderia não tomar um banho antes de ir trabalhar. Por que não faz isso? Provavelmente é porque jamais pensou em fazer a si mesmo essa pergunta. Por que *não tomaria*?

Exatamente. O motivo pelo qual você toma um banho para iniciar seu dia é porque é um hábito inconsciente. Na verdade, até este momento, provavelmente jamais lhe ocorreu não se banhar, porque você já está fazendo isso há muito tempo.

Agora, *você poderia* ir para o trabalho sem tomar um banho? Claro que poderia. Então por que não vai? Porque você não gostaria dos resultados, tanto por você mesmo quanto pelos olhares nada aprovadores de seus colegas.

Assim, você tem todos os motivos para fazer algo em relação a tomar banho e todos os motivos para não fazer algo em relação a não tomar banho. Essas duas forças juntas produzem o poderoso — e inconsciente — motivo por que você faz algo em relação a tomar banho antes do trabalho.

Porém, acabamos de determinar que, se você quisesse, poderia ir trabalhar sem tomar um banho. (Por sinal, eu não recomendo isso, e seus colegas de trabalho também não iriam apreciar.) Em outras palavras, você tem motivos por que não fazer algo em relação a não tomar um banho antes do trabalho.

No entanto, como os motivos por que você toma o banho superam os motivos por que você não o toma, você está firmemente decidido a tomar um banho antes do trabalho. É por isso que você pode saber como fazer alguma coisa e jamais se permitir fazê-la.

E é por isso que os motivos por que você faz alguma coisa sempre, *sempre* superam os de como você faz alguma coisa.

INDO ALÉM DO COMPORTAMENTO

Já vimos que privar-se de alcançar o sucesso é um problema do motivo por que você faz algo e do motivo por que você não faz algo, e que você jamais pode solucionar um problema de Por que fazer algo com uma solução de Como fazer algo. Já vimos também que, como os programas tradicionais de autoajuda são concentrados em como fazer algo para obter sucesso, usar esses programas para tirar seu pé do freio é como tentar pôr um prego em uma parede usando uma motosserra.

Antes de *O código secreto do sucesso*, todas as tentativas de solucionar o antigo problema de "como tirar seu pé do freio" estiveram no nível do comportamento. Os Três Por Cento nos diziam para *pensar de maneira positiva, estabelecer nossas metas*, e *agir* (como fazer algo para obter sucesso). Embora esses estímulos não sejam errados tanto quanto uma motosserra é errada, o problema é que se referem a *comportamentos*. E, como acabamos de ver com o exemplo de tomar um banho antes do trabalho, não podemos solucionar um problema de comportamento no nível do comportamento. Você precisa ir abaixo de seu comportamento até os motivos ocultos por que você faz algo e os motivos por que você não faz algo em seu comportamento.

É disso que *O código secreto do sucesso* trata. Essa é a pergunta que os Três Por Cento responderam inconscientemente para si mesmos, e é exatamente o motivo pelo qual eles alcançaram o sucesso e não mantêm os pés no freio.

E esse é o segredo que nós podemos agora compartilhar — desde que sigamos o código.

O que é realmente incrível sobre o código é que *você não consegue se privar de alcançar o sucesso se, simplesmente, seguir os seus sete passos.* Porém, se não seguir os sete passos, não posso prometer nada. Na verdade, posso prometer algo: você continuará mantendo o pé no freio!

O sistema que ensino não é mágico. Você não pode terminar de ler este livro, deixá-lo de lado e dizer: "Muito bem, já alcancei o sucesso!", assim como também não pode ler um livro sobre como limpar seu escritório e esperar que ele fique limpo sozinho (seria ótimo, não seria?).

Você precisa AGIR. A questão é a seguinte: se você simplesmente seguir os sete passos do código, não conseguirá se privar do sucesso. Siga o código e você eliminará a autossabotagem para sempre. Não estou lhe dizendo isso para fazer com que se sinta bem; o que estou lhe dizendo é baseado em minha experiência com milhares de estudantes agradecidos em meus seminários e programas de treinamento.

Agora que você já sabe o que vai ganhar como resultado de seguir o código, e que deve AGIR para obter os benefícios, está na hora de revelar os sete passos do *código secreto do sucesso*.

A PIRÂMIDE DA PERMISSÃO™

Esses sete passos são fáceis de entender, mas exigem esforço para serem executados. Iniciando com o Passo 1, você começa a subir a Pirâmide da Permissão, reprogramando sua mente subconsciente para que os motivos por que você não faz algo deixem de privá-lo de alcançar mais riqueza e felicidade.

O Passo 1 é **Aformações**. Não, não houve erro de digitação. **Aformações** são *perguntas* de capacitação (NÃO afirmações) que imediatamente mudam seus padrões de pensamento subconsciente de negativos para positivos. Usando Aformações em vez de afirmações, você será capaz de manifestar o que quer duas vezes mais rápido e com metade do esforço.

No Passo 2, **espelhos afetuosos e portos seguros**, você vai aprender como ganhar apoio incondicional para sua vida, carreira e relacionamentos. Este é o principal passo inconsciente que os Três Por Cento usam — e, sem ele, você jamais conseguirá alcançar seu potencial pleno.

O Passo 3 se chama **sistemas de apoio**. Assim como sua casa ou seu corpo, sua vida pessoal e profissional têm sistemas essenciais que devem funcionar adequadamente para criar o máximo de sucesso com o mínimo de esforço. Os Três Por Cento estão usando esses cinco sistemas de apoio essenciais sem sequer saber; siga este passo e você também poderá fazer isso.

O Passo 4 trata da questão nebulosa de onde as metas se adaptam em sua vida. Nas **zonas livres das metas**, você vai aprender a necessidade de desligar-se da tomada para energizar-se e revitalizar-se diariamente. Na operação de substituição da meta, vai descobrir se suas metas estabelecidas são realmente suas ou de outra pessoa que você internalizou.

O Passo 5 é uma pergunta que você, provavelmente, nunca se fez antes: "**Quem estou tentando proteger, punir ou agradar?**" Muita gente, depois de completá-lo, percebeu que estava, inconscientemente, se privando para proteger ou punir outra pessoa. Uma vez liberadas desses obstáculos ocultos, essas pessoas viram incríveis aumentos, tanto em sua renda quanto em sua paz de espírito, muito rapidamente.

O Passo 6 é **encontre seu Não**. Muitas pessoas perderam seu Não — isto é, perderam sua capacidade de dizer não aos outros, o que significa que seus sonhos e suas aspirações são postos de lado. Vou lhe mostrar algumas maneiras simples, porém poderosas, de descobrir seu Não para que seus sonhos passem a ser tão importantes quanto os de qualquer outra pessoa.

Finalmente, o Passo 7, **encontre seu Porquê**, trata de sua missão, de seu propósito na Terra — seu derradeiro motivo por que você faz algo. Muitas pessoas não sabem por que estão aqui na Terra, e essa ignorância leva a sentimentos de frustração, raiva e aborrecimento e até à depressão e às maiores profundezas do desespero. Quando encontrar seu Porquê e completar todos os sete passos, você irá se tornar um integrante dos Três Por Cento — porque pertencerá à diminuta porcentagem de seres humanos que não só conhecem seu propósito, mas têm as ferramentas para fazer com que o mundo seja um lugar melhor não só para eles como também para todas as outras pessoas.

Está pronto para tirar seu pé do freio e voar?

PARTE II

O CÓDIGO

CAPÍTULO 4

Passo 1: Aformações

Toda frase que pronuncio deve ser entendida
não como uma afirmação, mas como uma pergunta.

NIELS BOHR, FÍSICO, GANHADOR DO PRÊMIO NOBEL

Abril de 1997. Uma revigorante manhã de primavera como qualquer outra na Nova Inglaterra. Eu estava morando no alojamento da faculdade onde era veterano de estudos religiosos. O dormitório em si era tão pequeno que era possível tocar as paredes de ambos os lados se ficássemos em pé no meio do quarto.

Era a manhã da chuveirada que mudou minha vida.

Na noite anterior, eu estivera observando meu diminuto dormitório e percebi que havia colocado muitos provérbios ou *afirmações* por todos os lados para fazer com que eu me sentisse melhor. Se você já leu algum livro de autoajuda ou já esteve em um seminário que almeja o sucesso nos últimos quarenta anos, é provável que tenha ouvido falar de afirmações. Por quê? Porque quase todo professor desses cursos tradicionais diz que você deve usá-las!

Como você sabe, uma afirmação é *a declaração de algo que você quer que seja verdadeiro em sua vida*. Assim, exemplos de afirmações tradicionais são: "*Sou feliz, saudável e rico*", "*Sou muito bom*" e "*Sou rico.*" Como eu havia investido muito tempo e dinheiro estudando livros tradicionais de autoajuda, e como todo professor dos cursos tradicionais de autoajuda diz que você deve usá-las, fiquei escrevendo e dizendo afirmações durante anos.

Mas, por algum motivo, minha vida continuava uma droga.

A CHUVEIRADA QUE MUDOU MINHA VIDA

Naquela manhã, no chuveiro, minha mente vagava. Comecei a fazer a mim mesmo perguntas simples, porém profundas, sobre a natureza da vida — da minha vida. Perguntas como:

"Se tenho feito o que me orientaram a fazer, e venho repetindo essas afirmações há tantos anos, como é que minha vida continua estagnada?"

"Se venho repetindo essas afirmações positivas a mim mesmo há anos, como é que ainda não me sinto bem comigo mesmo?"

"Deve haver uma maneira melhor de fazer com que eu acredite que exista alguma coisa boa em mim. Mas o que é?"

Então, a ficha caiu.

Percebi que o cérebro humano está sempre perguntando e buscando respostas para *perguntas*. Naquele momento, percebi que *o pensamento em si é o processo de perguntar e buscar respostas para perguntas.*

Foi então que uma pergunta simples formou-se naturalmente em minha mente — a pergunta que mudou tudo:

"Se o pensamento humano é o processo de perguntar e buscar respostas para perguntas...

Por que andamos por aí fazendo afirmações nas quais NÃO ACREDITAMOS?"

Não consegui pensar em uma boa resposta para essa pergunta.

Foi quando tudo mudou para mim — e para meus milhares de alunos (que se autointitulam Os Que Acreditam) de todos os cantos do globo, que, desde aquele dia, aprenderam como aplicar o que descobri no chuveiro.

Deixe-me mostrar o que estou querendo dizer...

POR QUE AS AFIRMAÇÕES NÃO FUNCIONAM CONFORME ANUNCIADAS

Todos nós sabemos que uma afirmação *é a declaração de algo que queremos que seja verdadeiro*. Assim, um exemplo de afirmação tradicional poderia ser: "*Sou rico.*"

Muito bem, vamos tentar.

Diga a você mesmo neste momento. "*Sou rico.*"

Tente novamente. "*Sou rico.*"

Ouviu o que acaba de acontecer em sua mente?

Uma voz... Uma voz que diz algo como:

"*Aham, até parece!*"

Deixe-me fazer uma pergunta. Diga a verdade. Você, honestamente, acredita em suas próprias afirmações — ou duvida delas?

A verdade nua e crua é que a maioria de nós duvida de nossas próprias afirmações. Por quê? *Porque estamos tentando nos convencer de algo, e nossas mentes não acreditam que seja verdade.*

Os professores de programas tradicionais de autoajuda (muitos dos quais, lembre-se, são inconscientes em se permitir alcançar o sucesso) perceberam que você pode não acreditar em suas próprias afirmações. Por isso eles lhe disseram, com boas intenções, que tudo o que você tinha a fazer era repetir suas afirmações mil... ou um milhão... ou um quatrilhão de vezes, até finalmente... acreditar nelas.

Digamos que você tenha percebido que estava se apegando a pensamentos negativos (por exemplo, "*Sou pobre, sou solitário, não tenho o suficiente*"). Aí decidiu que queria alguma coisa melhor... e repetiu afirmações positivas (por exemplo, "*Sou rico, sou feliz, tenho o suficiente*")... E então...

Não aconteceu absolutamente nada?

Comigo também não. E com cerca de um zilhão de outras pessoas também não. Ora, nos deram apenas motosserras, o que mais deveríamos usar?

Mas por quê? Por que as afirmações não funcionaram para a maioria de nós? Se é tão fácil quanto os professores tradicionais disseram, por que nada aconteceu para o restante de nós? Será que, simplesmente, fomos incapazes de ter um pensamento positivo? Será que não fomos *suficientemente inteligentes, suficientemente motivados, suficientemente instruídos...* ou será que não nos *esforçamos o suficiente*?

A resposta é: *nenhuma das alternativas acima.*

A resposta é: Você recebeu a ferramenta errada para realizar o trabalho.

Disseram a você que poderia mudar sua mente usando *afirmações...* quando sua mente responde naturalmente a *perguntas.*

Disseram a você que poderia superar crenças negativas usando *afirmações...* quando é muito mais fácil superá-las usando *perguntas.*

Disseram para você *falar...* quando deveriam ter lhe mostrado como *perguntar.*

Afinal, o que estou querendo dizer?

O QUE TODO PROBLEMA QUE VOCÊ VAI ENFRENTAR REALMENTE É

Nós tipicamente tememos, evitamos, ignoramos ou nos afastamos de problemas. Mas, na verdade, um problema é simplesmente *uma pergunta que ainda não foi respondida.*

Qualquer problema, desde o mais trivial até o mais complicado, é realmente uma pergunta em busca de uma resposta.

Aqui estão alguns problemas globais sérios e as perguntas associadas a eles:

Aquecimento global: "Como podemos parar de destruir a Terra e ainda viver a vida que queremos?"

Pobreza: "Como podemos distribuir igualmente a riqueza do mundo para que pessoas não precisem viver sem suprir as necessidades básicas da vida?"

Desemprego: "Como podemos fazer com que as pessoas trabalhem em funções que produzam riqueza para si mesmas e, também, ajudem a sociedade a ter um desempenho melhor?"

(Note que eu não disse que seriam perguntas fáceis. É por isso que ainda não encontramos todas as respostas!)

Que tal os problemas que as pessoas enfrentam no nível pessoal ou profissional?

Querer ser mais bem-sucedido: "Como posso ser mais bem-sucedido em minhas vidas pessoal e profissional?"

Falta de organização: "Por que não consigo achar o que estou procurando?"

Desejo de companhia: "Por que não consigo encontrar a pessoa dos meus sonhos?"

Se quiser mudar qualquer uma dessas perguntas, você pode usar o tradicional método das afirmações, dizendo coisas como: "*Sou um sucesso, sou organizado, sou suficientemente bom*", e assim por diante.

Você pode acreditar nessas afirmações e pode não acreditar nelas. Porém, se as afirmações funcionarem para você, isso é ótimo. No entanto, se descobrir que não está acreditando em suas próprias afirmações (como muitos de nós), e se não estiver totalmente satisfeito com os resultados, por que não tentar algo tão simples, no entanto tão poderoso, que os professores de autoajuda tradicional pularam quando se preparavam para tomar o café da manhã:

Em vez de fazer uma afirmação em que você não acredita... por que não fazer uma PERGUNTA que pode transformar sua vida?

COMO CRIAR SUA VIDA

A surpreendente descoberta que fiz no chuveiro, naquela revigorante manhã em 1997, foi que você está criando a realidade de sua vida neste exato momento de duas maneiras: pelas afirmações que diz para si mesmo e para outras pessoas, e *pelas perguntas que faz a si mesmo e às outras pessoas.*

Os professores de cursos tradicionais de autoajuda gastam praticamente toda sua energia dizendo a você para mudar suas afirmações. Mas até a chuveirada, ninguém havia percebido totalmente ou mostrado como dominar a incrível força do que acontece quando você muda *as perguntas.*

Sua mente tem o que poderia ser chamado de **função de busca automática**, o que significa que, quando faz a si mesmo uma pergunta, sua mente começa, automaticamente, a buscar uma resposta. (Psicólogos se referem a essa função do cérebro humano como o *fator da pressuposição inerente.*)

Os maiores professores em toda a História têm ensinado a verdade sobre as afirmações: "Você colhe o que planta." Esta é frequentemente chamada de A Lei da Plantação e da Colheita (Emerson chamou-a de Primeira Lei) ou A Lei da Atração, o que significa que aquilo em que você concentra sua atenção (as sementes do pensamento que você planta continuamente) vai crescer e gerar frutos.

Os professores tradicionais disseram que você deve mudar sua forma de pensar se quiser mudar sua vida. E isso é perfeitamente correto. No entanto, lhe disseram para quase exclusivamente mudar as *afirmações* que você está repetindo — ignorando, quase que completamente, as *perguntas* que você está fazendo.

No entanto, se voltarmos até os tempos bíblicos, seremos lembrados: "Você não tem porque não pede" e "Peça e receberá."

Se você apenas mudar as *afirmações* que repete sem mudar as PERGUNTAS que faz, estará perdendo a maneira mais rápida e mais fácil de mudar sua vida, que jamais foi descoberta.

COMO UMA GAROTA DE 13 ANOS CUROU SUA PREOCUPAÇÃO COMPULSIVA

Certo dia, recebi um telefonema de Mary, uma vendedora de Wisconsin, que havia participado de uma de nossas oficinas do *código secreto do sucesso*. As primeiras palavras que saíram de sua boca foram: "Seu trabalho mudou totalmente minha vida!" Quando perguntei o que isso significava, ela me contou a seguinte história:

Depois de participar de seu seminário e aprender como usar as Aformações, percebi que, se isso podia funcionar comigo, também poderia funcionar com minha filha Stefanie, de 13 anos. Ela é uma excelente aluna que tira notas

Passo 1: Aformações   83

altas na escola, mas também é uma garota que tem preocupações crônicas e compulsivas.

Stefanie vivia tão estressada que chegava a ter sérios problemas para dormir. Ela ficava acordada muitas noites, preocupada, até que, finalmente, entrava em nosso quarto e nos acordava de um sono profundo, para que pudéssemos acalmá-la.

Tentamos de tudo. Líamos para ela. Orávamos com ela. Estávamos inclusive considerando a possibilidade de levá-la a um terapeuta. Mesmo assim, as preocupações — e as noites insones — continuavam. Ela chorava e me perguntava: "Por que me preocupo tanto?" Aquilo partia meu coração, porque não podia ajudar minha própria filha.

Finalmente, quando tomei conhecimento de que o senhor ensinava Aformações em seu seminário, percebi que essa poderia ser a resposta por que tanto tinha rezado! Quando voltei de seu seminário, ensinei a Stefanie como usar as Aformações e conversamos por muito tempo sobre que perguntas fariam a maior diferença em sua vida.

Ela ficou tão emocionada quanto eu! As perguntas que encontramos foram:

"Por que vivo sem preocupações?"

"Por que desfruto de uma noite inteira de sono?"

"Por que deposito minha confiança nas mãos de Deus?"

"Por que todos os meus amigos e todas as minhas amigas me amam?"

"Por que eu me amo?"

Agora ela é uma garota diferente!

Desde o primeiro dia em que começou a usar as Aformações — foi uma coisa verdadeiramente milagrosa, como passar da água para o vinho! —, terminaram as preocupações de Stefanie. Ela também ficou muito mais feliz, mais tranquila, e parece ter encontrado sua paz interior. E o senhor sabe o quanto isso pode ser difícil para adolescentes nos dias de hoje — especialmente garotas!

Os seus foram os primeiros livros de autoajuda que li em toda minha vida, e cujos exercícios realmente FIZ. Obrigada por ter feito uma diferença tão grande em nossas vidas!

Mary então me contou que as Aformações não apenas melhoraram seu próprio negócio e permitiram que sua filha deixasse de se preocupar, mas também fizeram com que ela começasse a compartilhar Aformações com todas as pessoas que encontrava.

Quando Scott, seu marido, disse que não estava muito feliz no trabalho, Mary começou a aformar, *"Por que Scott vai receber o telefonema certo?"* Em poucas semanas, ele conseguiu o cargo de seus sonhos. E veja só, foi um cargo na escola de Stefanie, exatamente onde ele queria trabalhar. O que você acha desse tipo de manifestação?

PERGUNTAS ANIMADORAS VS. PERGUNTAS DESANIMADORAS

Você sabe o que a maior parte das pessoas está fazendo com suas vidas? Muita gente, sem tomar conhecimento disso, está se fazendo perguntas negativas e desanimadoras, e indagando-se por que não consegue os resultados de seus sonhos.

Vamos examinar as perguntas animadoras e as desanimadoras. Comecemos com as perguntas *desanimadoras*, porque, embora sejam do tipo com que você está mais familiarizado, são também as perguntas das quais quer se livrar o mais cedo possível.

São perguntas como: *"Por que tenho tanto medo? Por que ninguém me ama? Por que eu nunca consigo as oportunidades que outras pessoas conseguem?"* Ninguém faz essas perguntas conscientemente ou de propósito, mas você pode estar questionando a si mesmo dessa forma sem saber.

Experimente isso. Faça conscientemente essas perguntas desanimadoras em voz alta. Veja como se sente quando pergunta a si mesmo: *"Por que não tenho dinheiro suficiente? Por que me sinto tão sozinho? Por que sou tão fracassado? Por que não consigo fazer nada certo?"* Isso não lhe faz muito bem, não é verdade?

O resultado de fazer perguntas desanimadoras — conscientemente ou não — é que você manifesta aquilo em que concentra sua atenção. Em outras palavras, quando faz perguntas negativas, obtém resultados negativos.

Use o espaço na página seguinte para relacionar as cinco perguntas mais desanimadoras que você ouve em sua cabeça. Sim, você deve fazer isso imediatamente.

Elas podem ter vindo de alguém em seu passado ou podem ser alguma coisa que você elaborou por conta própria. É vital que você saiba exatamente quais são suas perguntas desanimadoras ocultas, para poder transformá-las em perguntas animadoras, conscientemente. (Note: Talvez você queira anotar a data ao lado de suas perguntas; assim, quando voltar a este livro mais tarde, verá o quanto progrediu.)

Por favor, faça isso agora mesmo. Eu estarei aqui quando você voltar.

AS CINCO PERGUNTAS MAIS DESANIMADORAS
QUE OUÇO EM MINHA CABEÇA

1.

2.

3.

4.

5.

Puxa. São horríveis, não são?

Está pronto para encontrar uma maneira melhor de fazer essas perguntas?

PERGUNTAS ANIMADORAS — AS PERGUNTAS CERTAS

Agora que já identificou quais são suas perguntas *desanimadoras*, você pode estar se questionando: "Quais são as perguntas *animadoras* — e como posso começar a fazê-las?" Que bom que você perguntou!

As perguntas animadoras fazem com que sua mente se concentre *naquilo que você tem em vez de no que lhe falta*. Fazer perguntas animadoras gera sentimentos de autoestima e uma autoimagem positiva — porque sua mente automaticamente começa a se concentrar no que há de CERTO em você, em vez de focalizar o que há de errado. Portanto, as perguntas animadoras levam diretamente a respostas que dizem a verdade a respeito de quem você realmente é.

Vamos mudar suas perguntas desanimadoras da lista anterior para perguntas animadoras. Como? Simplesmente transformando as perguntas negativas em positivas! Por exemplo, se sua pergunta desanimadora for *"Por que sou tão fracassado?"*, sua pergunta animadora seria *"Por que sou tão bem-sucedido?"*

Muito bem, pegue sua caneta e prepare-se para experimentar a diferença...

CINCO NOVAS PERGUNTAS ANIMADORAS
QUE VOU COMEÇAR A FAZER

1.

2.

3.

4.

5.

Bem melhor, não é?

Notou alguma coisa mudando em sua mente?

Quer saber? Você acabou de dar o primeiro passo do *código secreto do sucesso.*

O propósito das Aformações é mudar suas perguntas desanimadoras para perguntas animadoras.

Ao fazer isso, você vai ganhar um controle consciente das sementes de pensamento que está plantando...

Isso vai, através da Lei da Atração, mudar sua vida.

COMO UM CORRETOR DE SEGUROS PASSOU DE US$1.500,00 POR MÊS PARA US$120.000,00 POR ANO

Brandon, um corretor de seguros de Utah, ligou para nosso escritório um dia e, por coincidência, atendi o telefone. Gostei dele imediatamente. Era simpático, aberto, e me contou que havia investido mais de 30 mil dólares em todos os programas de autoajuda que existiam — mas ainda estava ganhando apenas cerca de 1.500 dólares por mês.

Brandon tinha ouvido falar dos nossos programas e decidiu investir nos materiais para estudo a distância que oferecemos. Veja o que aconteceu em seguida, nas palavras do próprio Brandon:

> Após investir mais de uma década e mais de 30 mil dólares em tudo, desde livros, fitas e seminários até passar a ser conhecido como um praticante de tudo que se refere à autoajuda, o que aconteceu comigo como resultado de usar Aformações é uma coisa incrível, para dizer o mínimo.
>
> Depois de ler apenas uma vez os materiais de ensino a distância de Noah, percebi que eu estava fazendo a mim mesmo perguntas desanimadoras que impediam meu crescimento, como *"Por que não consigo novas indicações?"*
>
> Comecei imediatamente a me fazer Aformações positivas. Primeiro, comecei perguntando *"Por que consigo indicações todos os dias?"* Dentro dos quatro dias seguintes, eu já havia recebido <u>nove novas indicações</u> para novos clientes — isso foi completamente diferente de quaisquer números que havia conseguido no passado.
>
> E a diversão não parou aí!

Escrevi uma lista de 150 Aformações diferentes que comecei a levar no meu bolso.

Minha preferida? *"Por que é tão fácil e legal para mim ter, fazer e ser qualquer coisa que quero?"*

Antes de conhecer o método de Noah, a média mensal de minhas vendas oscilava entre 1.500 dólares e 2 mil dólares. No primeiro mês usando o programa, minhas vendas triplicaram. (Lembre-se de que esses números são de uma companhia de seguros!)

Ao final do ano, minha renda pessoal havia QUINTUPLICADO, e fui nomeado Corretor do Ano. Isso aconteceu a despeito de eu ter passado por um divórcio e da morte de minha avó.

Depois daquele primeiro ano, percebi que já estava pronto para iniciar um novo relacionamento. Assim, comecei aformando: *"Por que tenho tanta sorte para encontrar a garota perfeita para mim tão rapidamente?"*

Em menos de quarenta dias, conheci uma mulher fantástica — mas o que é realmente milagroso é que, se tivéssemos nos encontrado uma semana antes, eu não teria estado aberto para conhecê-la, porque queria alguém com mais de 21 anos de idade (eu estava com 27 naquela ocasião) — e nos conhecemos quatro dias depois de seu 21º aniversário!

Meu conselho? Use o método. Ele poderá poupar anos de sua vida e muito, muito dinheiro!

POR QUE SÃO CHAMADAS DE *AFORMAÇÕES*?

Vamos voltar ao que já aprendemos: a mente humana opera fazendo e respondendo perguntas. Portanto, quando você faz repetidamente uma pergunta a si mesmo, sua mente deve buscar uma resposta.

Dei a esse processo de usar perguntas animadoras o nome de Aformações, ou **O método da Aformação**. Mas de onde veio a palavra *Aformação*?

Uma coisa que você deve saber sobre mim: eu já era um nerd antes que colocassem a palavra "computador" como complemento a tipo de comportamento. No ensino médio, eu não tinha cabelos compridos até os ombros; meu cabelo tinha a largura de meus ombros.

Como um nerd, uma de minhas matérias preferidas era latim. Depois do chuveiro, descobri que a palavra *afirmação* vem do latim *firmare*, que significa "fazer algo de maneira firme". Comecei a perguntar a mim mesmo: "Se afirmações são declarações positivas, qual seria a palavra perfeita para descrever perguntas animadoras?"

Percebi que, quando fazemos perguntas a nós mesmos ou a outras pessoas — sejam positivas ou negativas —, na verdade estamos *formando* novos padrões de pensamento, que *formam* uma nova vida para nós.

A palavra *forma* vem do latim *formare*, que significa "formar ou dar forma a alguma coisa". E foi então que tive uma ideia:

E se você estiver fazendo algo de maneira FIRME... Mas da FORMA errada?

Isso seria chamado de "uma vida que você não quer"!

Por exemplo: "*Por que estou tão sem grana?*" Você *formou* a pergunta... Ela passa a ser *firme*... E aí está sua vida!

Foi então que percebi o verdadeiro motivo pelo qual as afirmações não são muito efetivas para mudar nossas vidas:

porque estamos tentando fazer algo de maneira *firme* antes de termos *formado* o que realmente queremos.

Então, em vez de fazer algo de modo *firme,* precisamos primeiro *formar* perguntas que possam mudar as sementes de pensamento que estávamos plantando, e que mudariam nossas vidas.

E foi assim que a palavra Aformações nasceu — e com ela o ensinamento de meu método.

(Por sinal, é perfeitamente legítimo inventar uma palavra nova para descrever uma nova forma de ver o universo. Por exemplo, há muito pouco tempo na História, as palavras *internet, Google,* ou mesmo *software* não existiam. Elas não tinham qualquer significado porque a tecnologia que descrevem não existia. Agora, naturalmente, usamos esses termos todos os dias. Neste livro, estou descrevendo uma nova tecnologia da mente. Daí, Aformações: uma palavra nova para descrever uma nova tecnologia.)

RESULTADO: VOCÊ JÁ ESTÁ FAZENDO ISSO

Caso ainda esteja imaginando se isso funciona, ou pensando que esta é a coisa mais maluca que já ouviu, deixe-me oferecer um fato conclusivo:

Você já está usando Aformações o tempo todo, de uma maneira ou de outra.

Pensamentos como *"Por que sou tão idiota?"* ou *"Por que não consigo fazer nada certo?"* são simplesmente Aformações negativas! Essas perguntas são, na verdade, seu lixo mental se formando dentro de sua mente e que, consequentemente, formam sua própria vida.

Certa vez, durante um de nossos seminários de *O código secreto do sucesso* no estado da Virginia, um jovem casal se aproximou de mim, literalmente dando pulos de empolgação. Disseram que haviam me ouvido lecionar Aformações na reunião nacional de vendas da empresa onde trabalhavam, alguns meses antes. Aqui está a história deles:

Em seu seminário, nós ouvimos o senhor explicar como usar Aformações para mudar nossas vidas. Estávamos fazendo afirmações durante os quatro últimos anos, como nos haviam instruído: gravamos afirmações, repetíamos um ao outro, grudamos todas elas em nossa geladeira, e chegamos inclusive a pendurar placas de afirmações no chuveiro. Bem, tudo que conseguimos foi um monte de palavras molhadas!

Depois que ouvimos o senhor falar sobre Aformações em sua oficina, ficamos muito entusiasmados. Percebemos o poder de fazermos perguntas animadoras a nós mesmos e deixar nossa mente buscar as respostas. Começamos a usar Aformações exatamente do mesmo jeito que estávamos usando as afirmações tradicionais: fizemos nossas novas perguntas, um ao outro, grudamos todas elas em nossa geladeira, e passamos a conversar sobre nossas novas Aformações dia após dia.

Os resultados foram absolutamente surpreendentes! Participamos de seu seminário em julho. Em agosto, percebemos que estávamos fazendo muitas coisas de maneira diferente por causa das Aformações que aprendemos com o senhor. E, em setembro, já tínhamos condições de comprar nosso primeiro Cadillac! Depois de mais de *quatro anos* usando as afirmações tradicionais com pouco ou nenhum progresso, obtivemos os resultados exatos que queríamos *em menos de noventa dias usando Aformações.*

Aquele casal havia se comprometido firmemente a usar o método tradicional. Chegaram até a repetir afirmações em voz alta um para o outro — isso é que é comprometimento! No entanto, as afirmações simplesmente não permitiram que eles superassem suas crenças negativas subconscientes.

Usando Aformações, suas mentes começaram a buscar novas formas criativas para encontrar soluções para seus problemas. E os resultados falam por si mesmos.

O poder de criar sua vida usando Aformações está dentro de você e de sua mente milagrosa e maravilhosa. Como você já está usando as Aformações de alguma maneira, por que não usá-las *conscientemente* para criar a vida que você quer... em vez de criar, inconscientemente, a que não quer?

OS QUATRO PASSOS PARA CRIAR AFORMAÇÕES QUE PODEM MUDAR SUA VIDA

Passo 1: Pergunte a si mesmo o que você quer.

Você, provavelmente, já deu este passo antes. No Passo 1, você pode usar metas que já escreveu anteriormente, ou começar do zero. A decisão é sua. O ponto é determinar o que você quer.

(Note que a literatura tradicional de autoajuda para exatamente aqui! Ela nos diz "estabeleça suas metas" e, depois disso, devemos fazer afirmações que tentem convencer nosso cérebro de que temos o que queremos... às vezes.)

Por exemplo, no Passo 1, você deve decidir que sua meta é ser feliz, saudável e rico (é difícil imaginar alguém que não queira essas coisas). Assim você escreveria: *"Eu quero ser feliz, saudável e rico."*

Agora vamos para o passo revolucionário...

Passo 2: Formule uma pergunta que parta do princípio de que o que você quer já é verdade.

No Passo 2, você faz uma pergunta que supõe que o que quer já está em seu poder, já aconteceu ou já é verdade.

Este é o passo-chave para criar Aformações que podem mudar sua vida.

No exemplo acima, o que você quer é ser feliz, saudável e rico, certo? Bem, agora você deve se perguntar por que isso já aconteceu!

Sua vida é um reflexo das sementes de pensamento que você planta e energiza. Mais precisamente, um reflexo das *suposições inconscientes* que você faz sobre a vida e seu relacionamento com ela.

Por exemplo, se você foi criado em um ambiente onde não havia muito dinheiro e seus pais o fizeram acreditar que a falta de dinheiro era a causa da infelicidade deles, você poderia concluir que há uma falta de dinheiro no mundo que leva à infelicidade, e que a vida é assim mesmo.

Se pudesse encontrar um mecanismo que tivesse a capacidade de registrar as sementes de seu pensamento subconsciente e ouvi-las, elas poderiam soar mais ou menos assim: *"Por que estou tão sem dinheiro? Por que não tenho o suficiente? Por que não sou bem-sucedido?"* e assim por diante.

ESTA É SUA VIDA

Então aqui está você, fazendo inconscientemente a si mesmo essas perguntas negativas. Quais as respostas que, em sua opinião, seriam dadas a elas? As respostas seriam: *Sua vida está sendo mostrada como resultado das perguntas negativas que você anda fazendo — os frutos naturais das sementes de pensamento negativas.* Por exemplo:

Se você tem, inconscientemente, se perguntado: "*Por que sou tão infeliz?*", terá como resposta sua vida infeliz.

Se você tem, de maneira inconsciente, se perguntado: "*Por que não tenho o suficiente?*", a resposta vai aparecer como o que lhe falta em sua vida.

Se você tem, sem perceber, se perguntado: "*Por que estou tão solitário?*", a pessoa de seus sonhos continuará não aparecendo.

INVERTA A CAUSA DO PROBLEMA

Quando completar este passo do método da Aformação, você pegará o que tem estado no subconsciente (oculto) e o tornará consciente (visível), pegando o que é negativo (desanimador) e tornando-o positivo (animador).

Vamos inverter todas as perguntas negativas mostradas acima. O inverso poderia ficar mais menos assim:

Por que sou tão feliz?

Por que tenho o suficiente?

Porque sou tão amado?

Essas perguntas podem parecer estranhas ou até mesmo malucas para você agora. Mas o que aconteceria se você se permitisse aceitá-las como *a verdade sobre sua vida*?

Você não teria uma vida que é diferente da média da população — *uma vida que é diferente da que tem agora?*

A qualidade de sua vida depende de apenas duas coisas: a qualidade de sua comunicação com o mundo *dentro* de si mesmo, e a qualidade de sua comunicação com o mundo *fora* de si mesmo.

O Passo 2 do método das Aformações é para começar a mudar a qualidade da comunicação com o mundo *dentro* de si mesmo. Você vai começar a fazer a si mesmo perguntas novas, melhores e animadoras, e vai parar de fazer a si mesmo perguntas negativas e *des*animadoras.

Esta é a maneira mais rápida e mais efetiva que conheço para mudar, imediatamente, a qualidade de sua comunicação, tanto com seu mundo interior quanto com seu mundo exterior.

Assim, no Passo 2 do método da Aformação você deve se perguntar: *"Por que [o que eu quero] já é uma verdade em minha vida agora?"*

Usando nosso exemplo acima, você poderia se perguntar: *"Por que sou tão feliz, saudável e rico?"*

Passo 3: Entregue-se inteiramente à pergunta.

O objetivo da Aformação não está em encontrar a resposta, mas em *fazer perguntas melhores*. Quando fizer perguntas melhores, sua mente vai, automaticamente, se focar em coisas nas quais você, provavelmente, jamais se concentrou antes. Quando fizer isso, os resultados vão surpreendê-lo.

Recebi a seguinte carta de meu amigo John Adams, do Golden Key Ministry, em Phoenix:

Caro Noah,

Quero lhe contar uma história real sobre meus amigos Sam e Shirley, duas pessoas às quais ensinei O método das Aformações há uns três anos, quando li pela primeira vez seu livro sobre o assunto.

Shirley havia sido aceita para o programa ministerial em Unity, no Missouri, então eles planejaram vender sua casa e se mudar para Kansas City. Puseram a casa à venda no início de abril sem resultados. As pessoas vinham e olhavam, mas ninguém se interessava.

No sábado, 5 de maio, Sam e Shirley me falaram sobre a falta de um comprador para sua casa.

Como precisavam se mudar no início de junho, já estavam ficando nervosos e queriam meu conselho.

Sugeri que percorressem os aposentos de sua casa, abençoassem cada um deles e começassem a aformar: "Por que esta casa foi vendida tão facilmente para as pessoas certas, pelo preço certo?"

Isso foi no sábado. Na tarde seguinte, um casal veio e olhou a casa. Na terça-feira, eles fizeram uma oferta, que era muito baixa. Sam e Shirley continuaram repetindo sua Aformação, e uma contraoferta mais alta foi feita e aceita na tarde da mesma terça-feira!

Tudo aconteceu rapidamente e o negócio foi fechado no dia 31 de maio. Sam e Shirley estão a caminho do Missouri como pessoas que realmente acreditam!

Digamos que seja seu desejo encontrar um restaurante novo em sua cidade. Você vai para o Google e digita a palavra-chave *restaurantes* e a cidade onde está. O que você, na verdade, está fazendo é *uma pergunta cuja resposta ainda não sabe*.

Quando acessa alguma coisa no Google, você fica ali, sentado e preocupado, achando que o Google não será capaz de responder às suas perguntas? Não, você simplesmente aperta Enter e sabe que a resposta está a caminho. Quando digita uma pergunta, existe a possibilidade de o Google dizer "Não estou com vontade de responder à sua pergunta agora"? Não, ele busca a resposta; e você *confia* que ela não apenas está ali, mas também que já está a caminho para você.

O mesmo acontece com as Aformações. Você não precisa saber, por exemplo, por que é rico. No entanto, precisa perguntar *por que é rico*. Por quê? Porque fazer esse tipo de pergunta animadora faz com que sua mente se concentre *no que você tem, e não no que lhe falta*.

Muitas pessoas partem do que lhes falta. Partir do que falta significa que sua mente está focalizada no que você não tem. Quando se concentra no que não tem, o que você recebe de volta? Sentimento de falta!

E de onde vem esse foco? Das perguntas que você, inconscientemente, está fazendo. Sua mente opera como o Google, só que em um nível muito mais poderoso. Isso porque o Google não pode mudar suas perguntas; ele só pode responder o que é perguntado. No entanto, você pode *escolher* conscientemente suas perguntas.

A partir do momento em que faz uma pergunta, quer você saiba ou não, sua mente começa, automaticamente, a buscar a resposta, sem sua escolha consciente.

O que nos leva ao quarto passo essencial do método das Aformações — o último que você deve fazer, se quiser que este método funcione...

Passo 4: Novas AÇÕES com base em suas novas suposições sobre a vida.

Neste exato momento, você está fazendo centenas, talvez milhares de suposições inconscientes sobre a vida e seu relacionamento com ela. Essas suposições formam a base de como você passa pela vida — positiva ou negativamente, com confiança ou timidez, a partir de *falta* ou de *suficiência*, de amor ou de medo.

Por exemplo, se partir do princípio de que a vida lhe é *favorável*, você vai, naturalmente, agir com base na crença de que "as coisas vão funcionar da melhor maneira" — e seus resultados seguirão essa suposição. No entanto, se partir do princípio de que a vida é *contra* você, então suas ações serão hesitantes, baseadas no medo e em uma atitude de "por que devo me importar?" — e seus resultados, naturalmente, seguirão essa suposição.

**O método das Aformações faz com que seja
consciente e claro o que, até agora,
tem sido subconsciente e oculto.**

Por exemplo, uma pessoa confiante terá mais facilidades na vida, quer seja na formação de relacionamentos ou na abertura de um negócio. Os professores tradicionais nos disseram que deveríamos ser confiantes. Mas onde é que o comportamento da *confiança* realmente se origina? Ele vem de suas suposições ocultas e subconscientes sobre como a vida vai tratá-lo.

Você forma, continuamente, suposições sobre a vida e sobre seu relacionamento com ela; mas quase todas essas suposições são subconscientes — tão ocultas que nem ao menos percebe que elas estão ali.

Como resultado, a maior porcentagem de suas ações é governada por suposições que você pode ter formado anos — até mesmo décadas — atrás!

Se você foi criado com a suposição de que a vida é feita de penúrias, quais seriam suas ações? Que confiança você teria em abrir seu próprio negócio ou conhecer novas pessoas?

Lembre-se, o objetivo do método das Aformações não é encontrar "a resposta" para suas perguntas. É mudar *o que sua mente focaliza automaticamente*. Como agora você vai formar perguntas *positivas*, que partem do princípio de que *o que você quer* já é verdade, sua mente não terá outra opção a não ser encontrar um meio de fazer com que isso aconteça.

Você está vendo como esse processo deve, por definição, mudar sua vida?

COMO VOCÊ VAI SABER QUE ESTÁ FUNCIONANDO

Uma pergunta que ouço muito sobre Aformações é: "Como vou saber quando elas já estiverem funcionando?" (Esta pergunta, por sinal, é feita, tipicamente, por quem ainda não tratou conscientemente.) Muitas pessoas que começam a usar as Aformações relatam um sentimento quase instantâneo de calma e paz de espírito.

No entanto, o método das Aformações é baseado na ciência, não na magia. Você não pode perguntar a si mesmo "Por que sou tão magro e saudável?", continuar comendo alimentos prejudiciais à saúde e esperar perder peso. Não pode desafiar as leis do universo plantando perguntas positivas e continuando a ter comportamentos negativos ou autodestrutivos e esperar conseguir o que quer.

O objetivo das Aformações não é tentar burlar sua mente, mas usá-la adequadamente. Você já está usando este método de uma maneira ou de outra, mas muitas pessoas o estão usando inconscientemente em uma forma negativa ou autodestrutiva.

Use as Aformações, mas não se preocupe em usá-las "corretamente". Há muito mais na mente subconsciente do que a ciência provavelmente algum dia desvendará. Porém, o uso das Aformações permitirá que a função de busca automática de sua mente produza resultados singulares a seu favor, em vez dos negativos que você não quer.

COMO USAR O RESTANTE DESTE LIVRO

O restante deste livro inclui as dez Aformações mais poderosas que já usei e ensinei a meus alunos nos sete passos do *código secreto do sucesso*. Naturalmente, como o número de Aformações que você pode criar é literalmente infinito, não se sinta confinado a essas dez.

Deixamos espaço para que você escreva suas próprias Aformações, de forma a adequá-las à sua situação individual. Você também pode consultar meus outros livros.

Use minhas Aformações várias e várias vezes, e escreva-as como faria com suas afirmações tradicionais — mas note que as Aformações podem fluir muito mais facilmente para você!

Isso porque, em vez de tentar se forçar a crer em algo no qual realmente não acredita, você vai formar novas suposições sobre a vida e seu relacionamento com ela, com base no que realmente quer.

Não conheço qualquer outro método que possa produzir resultados tão efetivos com tão pouco esforço. Usando Aformações, você pode assumir o controle direto e consciente de seus pensamentos — mudar as perguntas, mudar seus resultados e mudar sua vida!

Para mais informações sobre como usar Aformações para conseguir o que você quer duas vezes mais rápido e com metade do esforço, visite www.afformations.com.

UMA RÁPIDA RECAPITULAÇÃO

1. A mente humana funciona usando perguntas. O pensamento humano, na realidade, é *o processo de perguntar e buscar as respostas para as perguntas.*

2. Professores de cursos de autoajuda tradicionais, nos disseram, durante décadas, que devemos usar afirmações ou declarações positivas para conseguir o que queremos. O problema é que as afirmações, na verdade, não funcionam, porque você está tentando se convencer de algo no qual não acredita.

3. O autor descobriu as Aformações, que são *perguntas* animadoras (não declarações) que, imediatamente, mudam os padrões de seu pensamento subconsciente de negativos para positivos. Como sua mente começa a buscar de forma automática as respostas para as perguntas, quando faz Aformações o seu foco muda

imediatamente, passando do que você não tem para o que já tem.

4. Os quatro passos do método das Aformações são:
   1. Pergunte a si mesmo o que você quer.
   2. Formule uma pergunta que parta do princípio de que o que você quer já é verdade.
   3. Deixe sua mente buscar a resposta.
   4. Exerça novas AÇÕES com base em suas novas suposições sobre a vida.

5. Você pode usar Aformações em qualquer aspecto de sua vida: dinheiro, saúde, relacionamentos, perda de peso, vendas etc. Use-as e você começará a manifestar o que quer duas vezes mais rápido e com metade do esforço.

Próximas ações: A partir da leitura deste capítulo, relacione três coisas que você pode fazer nos próximos sete dias para usar Aformações e obter resultados mais rápidos e efetivos em sua vida, carreira e nos seus relacionamentos.

1. _____

2. _____

3. _____

AS 10 PRINCIPAIS AFORMAÇÕES PARA O PASSO 1:

1. Por que sou tão rico?
2. Por que sou tão feliz?

3. Por que sou autossuficiente?
4. Por que sou tão bom no que faço?
5. Por que tenho tudo que é necessário para alcançar o sucesso?
6. Por que tenho a coragem de fazer o que amo?
7. Por que as oportunidades chegam a mim tão facilmente agora?
8. Por que desfruto tanto do sucesso?
9. Por que meu dinheiro é mais do que suficiente em meus negócios?
10. Por que ter o que quero ajuda outras pessoas a conseguirem o que querem?

CAPÍTULO 5

Passo 2: Espelhos afetuosos e portos seguros

O relacionamento é um espelho no qual você pode se ver, não como desejaria ser, mas como é.

JIDDU KRISHNAMURTI

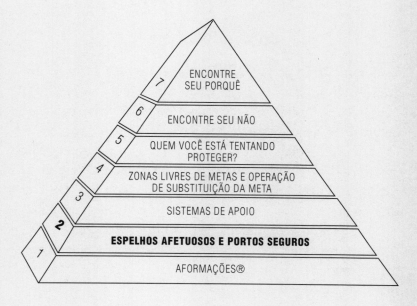

Quero que você pense por um momento sobre seus olhos. De que cor eles são?

Aposto que você sabe qual é a cor dos seus olhos. Mas como você sabe? Como determinou a cor de seus próprios olhos? A resposta é: ou você olhou em um espelho (ou em qualquer outro objeto que o refletisse, como uma foto), ou alguém lhe contou. Na verdade, essas são as duas únicas maneiras de determinar a cor de seus olhos.

Neste exato momento, quero que você veja a cor de seus olhos sem olhar em um espelho. Vamos lá... *Fique motivado, se esforce, estabeleça suas metas!*

Pouco importa o quanto você seja inteligente, atraente, talentoso ou motivado; simplesmente não é possível ver a cor de seus próprios olhos olhando de dentro de si. Embora possa parecer improvável, essa analogia simples forma o fundamento de todo este sistema.

GEORGE E CLARENCE

Lembra-se do filme *A felicidade não se compra?* Nele, James Stewart interpretava George Bailey, um homem maravilhoso que ajudava muitas pessoas, mas tinha um problema realmente sério de autoestima. Ele havia decidido cometer suicídio porque, literalmente, acreditava que tinha mais valor morto do que vivo (lembra-se daquela apólice de seguro?). Então Clarence, seu anjo da guarda, desceu do céu e mostrou a ele como teria sido a vida se George jamais tivesse nascido.

Foi quando ele entendeu, pela primeira vez, que sua vida tinha valor e significado. É por isso que seu modelo de pensamento mudou e ele percebeu que tinha, na verdade, uma vida maravilhosa.

Passo 2: Espelhos afetuosos e portos seguros 107

Mas o que você acha que teria acontecido se George Bailey tivesse olhado em um espelho e dito a si mesmo "Sou bom o suficiente, sou inteligente o suficiente e, fala sério, as pessoas gostam de mim"? E se tivesse simplesmente pensado de maneira positiva e tentasse elevar seu próprio moral?

E se tivesse estabelecido suas metas e dissesse "Vou ficar motivado agora"? E se tivesse usado técnicas de visualização, afirmações ou tábuas com letras e números? Você realmente acha que isso teria criado uma transformação tão poderosa na vida dele? Eu também não.

O que acabei de lhe mostrar é uma das maiores e mais tristes ironias dos programas tradicionais de autoajuda, porque eles tentam nos motivar nos aconselhando a "estabelecer nossas metas", dizendo que deveríamos acreditar em nós mesmos.

Deixe-me fazer uma pergunta. Quando estabelece suas metas, a quem você está se dirigindo? Está se dirigindo a você mesmo.

No entanto, quem é a pior pessoa para conhecer seu verdadeiro valor? Você!

Normalmente, não somos o pior crítico daquilo que somos realmente capazes de fazer? Algumas vezes, não somos nosso pior inimigo? Bem, se o que você quer é amor, apoio e incentivo, é realmente inteligente apelar para seu pior inimigo?

Você é a pessoa *menos* capaz de conhecer seu verdadeiro valor.

O que estou lhe mostrando é o *oposto* completo do que aprendemos nos programas tradicionais de sucesso. Voltando ao exemplo de seus olhos: por mais que você se esforce, por mais tempo que tente ou por mais motivado que possa estar, você jamais poderá ver seus próprios olhos olhando de dentro de si mesmo. No entanto, seus olhos são uma parte essencial de você! São suas janelas para o mundo e as janelas para sua própria alma. Todavia, jamais poderá vê-los sem a ajuda de alguém ou de algo externo.

O QUE CAUSA SEU LIXO MENTAL

Vamos levar esta analogia mais um passo à frente. Digamos que você tenha olhos castanhos; porém, todas as pessoas ao seu redor, mesmo as mais íntimas, sempre lhe disseram, desde o início de sua vida, que você tem olhos azuis. E digamos que você não tivesse qualquer outra maneira de corroborar essa informação. Em que você seria forçado a acreditar a respeito de si mesmo?

Devido à informação que lhe deram, além do fato de não poder ver seus olhos diretamente, você seria forçado a acreditar que tem olhos azuis; mas essa é uma informação completamente falsa sobre a cor deles.

Alguma vez você já esteve em uma casa de espelhos em um parque de diversões? O que elas têm? Espelhos engraçados, certo? E o que os espelhos distorcidos dessas casas fazem? Distorcem você. Basta olhar para um desses espelhos para ver uma coisa estranha. A imagem refletida se parece com você, mas não é você. É uma *representação imprecisa* de você.

Mas e se o espelho de uma casa dessas fosse o único em que você tivesse se olhado durante toda a vida? E se aquela reflexão distorcida fosse a única da qual você recebesse a informação sobre sua aparência? Em que, então, seria forçado a acreditar a respeito de si mesmo?

REFLEXÃO NEGATIVA   SEU EU AUTÊNTICO   ESPELHO AFETUOSO

Você seria forçado a acreditar que a imagem distorcida representa sua verdadeira aparência. Não teria qualquer outra opção a não ser acreditar na imagem imprecisa, porque é a única que viu a vida toda.

Assim, permita-me fazer uma pergunta: você foi criado em uma casa de espelhos? Ainda está na casa de espelhos? Alguma vez já se viu precisamente refletido pelas pessoas ao seu redor?

Infelizmente, muitos de nós nunca nos vimos precisamente refletidos pelas pessoas ao nosso redor, nem mesmo (especialmente) pelas que nos são mais íntimas. O espelho de uma casa de espelhos distorce sua imagem *física*. Da mesma maneira, quando recebemos informações imprecisas sobre quem somos, nosso **eu autêntico** é distorcido. Quando quem somos não é precisamente refletido pelas pessoas ao nosso redor, desenvolvemos o que chamo de uma **reflexão negativa**.

Sua reflexão negativa representa o lixo mental que muitos de nós carregamos em nossas vidas. É aquela voz que diz:

"Você não consegue fazer isso. Quem você acha que é? Ninguém em sua família consegue fazer isso!"

Embora seu eu autêntico saiba que você é suficientemente bom, sua reflexão negativa lhe diz: "Não sou bom o suficiente. Eu jamais conseguiria fazer isso. Talvez 'outras pessoas' consigam fazer, mas eu jamais serei capaz de fazer isso." Parece familiar?

Todos nós temos nosso lixo mental exclusivo, nossa própria reflexão negativa. Porém, por mais surpreendente que possa parecer, esse não é o verdadeiro problema.

POR QUE VOCÊ NÃO ACREDITA EM SI MESMO (AINDA)

Professores tradicionais de autoajuda nos dizem: "Bem, se você tem pensamentos negativos, pense de forma positiva. Acredite em você mesmo. Estabeleça suas metas." Acha que isso teria funcionado para George Bailey? Você, honestamente, pensa que ele teria sido capaz de "estabelecer suas metas" e sair de sua situação miserável com esse tipo de conselho?

Sim, sei que era apenas um filme. Mas o que me diz de SUA vida? Quantas vezes você já tentou isso? Quantas vezes já tentou se incentivar e fazer o que lhe disseram para fazer — pensar de forma positiva, acreditar em si mesmo, estabelecer suas metas? Até que ponto isso tem dado certo no seu caso em particular?

Você pode continuar tentando colocar um prego na parede com a motosserra que lhe deram... ou pode pegar um martelo. Estou lhe dando o martelo, e ele é chamado de *o apoio de pessoas que acreditam em você, mais do que você acredita em si mesmo*.

Essa é uma das maiores ironias desta obra — porque há décadas os Três Por Cento estão nos dizendo "Acredite em você mesmo". Mas eles não percebem que o que estão dizendo é completamente retrógrado.

Não significa que acreditar em si mesmo seja errado, assim como a motosserra também não é uma ferramenta errada. O que acontece é que, quando dizem que você deve acreditar em si mesmo, estão lhe dando a ordem errada. Porque acreditar em si mesmo é o último estágio na evolução do sucesso, não o primeiro.

O primeiro estágio é *alguém acredita em você*.

O segundo estágio é *você acredita em alguém*.

O estágio final é *você acredita em si mesmo*.

POR QUE ISSO VIRA A LITERATURA TRADICIONAL DE AUTOAJUDA DE CABEÇA PARA BAIXO

Nos programas tradicionais de autoajuda, qual é a primeira coisa que nos disseram para fazer? Exatamente: *Estabeleça suas metas*.

Quem você procura para estabelecer suas metas? Você mesmo.

Mas quem é a pior pessoa para saber o que você é realmente capaz de fazer? *Você*.

Nos programas tradicionais de autoajuda, disseram implicitamente que confiasse em si mesmo para estabelecer suas metas, porque isso é o que os Três Por Cento fizeram. Eles acreditaram em si mesmos, e assim, naturalmente, partiram do princípio de que você e eu também poderíamos fazer isso.

Porém, aqui está o problema. Quando perguntei a eles como exatamente chegaram a acreditar em si mesmos, todo multimilionário que já orientei ou com quem fiz amizade finalmente me disse que não teria alcançado seu nível de sucesso sem o apoio carinhoso e o incentivo de *alguém que acreditou neles quando eles ainda não acreditavam em si mesmos*.

Assim como George Bailey teve o anjo Clarence, cada um desses Três Por Cento teve alguém que foi seu anjo da guarda aqui na Terra. No entanto, eles somente perceberam o quanto isso lhes foi essencial quando eu lhes perguntei!

Você pode corroborar o que estou dizendo a partir de sua própria experiência de vida. Volte ao passado e pense em quando alguém viu algo grandioso em você que você jamais havia visto em si mesmo. Lembre-se daquela época em que alguém viu aquela grandeza, aquela centelha, aquela *alguma coisa* que você jamais teria enxergado. Lembra-se disso?

Talvez tenha sido um instrutor, um professor ou um mentor. Talvez tenha sido um parente, seu marido, sua mulher ou um amigo. Talvez tenha sido sua avó, seu avô, tio, tia, ou alguma pessoa íntima a você. Quem quer que tenha sido, essa pessoa viu alguma coisa em você, incentivou-o e disse: "Sei que você consegue fazer isso. Vejo coisas maravilhosas em você. Vejo uma liderança nata. E sei que você é capaz de fazer qualquer coisa."

E você ficou ali em pé, dizendo: "Quem, eu?"

Você teve essa reação porque não consegue perceber inteiramente seu próprio valor, assim como também não consegue ver seus próprios olhos. Não entendemos totalmente nosso próprio valor para o mundo. Dou a esse fenômeno o nome de **princípio do espelho afetuoso**, e é o aspecto oculto do sucesso que quase todas as pessoas ignoram.

O QUE É UM ESPELHO AFETUOSO?

Um **espelho afetuoso** é uma pessoa que lhe dá apoio incondicional. Por que este é o passo fundamental para que você possa se libertar de seu lixo metal para sempre?

Assim como você jamais poderá ver seus próprios olhos olhando de dentro de si mesmo, também nunca poderá entender inteiramente seu verdadeiro valor olhando de dentro de si mesmo. São necessários o apoio carinhoso e o incentivo de alguém como um amigo, professor, instrutor ou mentor para lhe mostrar o que você é realmente capaz de fazer.

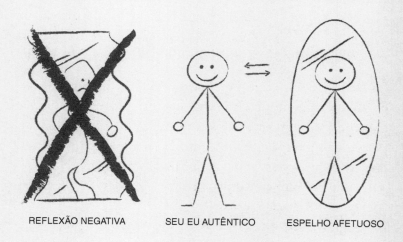

REFLEXÃO NEGATIVA   SEU EU AUTÊNTICO   ESPELHO AFETUOSO

Há uma cena do filme *Desafiando gigantes* que se tornou muito popular on-line, porque as pessoas compartilharam com os amigos centenas de milhares de vezes. Na cena, o técnico de futebol pressiona Brock, o capitão do time, muito mais do que Brock teria se pressionado. O técnico pede a Brock para engatinhar — sem encostar os joelhos no chão! — e percorrer todo o campo de futebol com um dos jogadores do seu time nas costas. Mas então o técnico faz uma coisa monumentalmente inteligente: venda os olhos de Brock. Por quê? Porque não queria que Brock desistisse antes de ter dado "o melhor de si".

Brock pensou que só conseguiria chegar à linha das 30 jardas; mas com o incentivo do técnico — tudo bem, eram gritos —, Brock fez "O Rastejo da Morte" por toda a extensão do campo de futebol. Esse filme mostra um dos exemplos mais poderosos e emocionantes do princípio do espelho afetuoso em ação. Talvez seja por isso que tanta gente o tenha compartilhado com os amigos. (Para ver a cena completa, acesse www.Secret-CodeBook.com/deathcrawl.)

COMO GANHAR APOIO INCONDICIONAL PARA SUA VIDA

Os seres humanos têm um desempenho melhor em um ambiente com apoio incondicional. Esse ambiente é proporcionado quando alguém olha para você e vê sua capacidade total, seu potencial e sua grandeza. Essa pessoa *sabe* que você pode fazer qualquer coisa, *vê* que você pode fazer qualquer coisa e *apoia* você incondicionalmente. São as pessoas que lhe dizem: "Sei que você pode fazer isso."

Alguma vez você já notou que podemos ver qualidades positivas em outras pessoas, mas, normalmente, temos dificuldade em vê-las em nós mesmos? Muitos de nós foram estimulados a não pensar em nós mesmos com termos elogiosos, a não fazer alarde de nossas qualidades e não nos acharmos melhores que os outros.

A questão é que muitos de nós têm receio de sermos chamados de "arrogante" ou "convencido" — e não é isso, de forma alguma, o que estou sugerindo. Estou meramente esclarecendo que os homens e mulheres mais felizes e mais bem-sucedidos no mundo chegaram a ser o que são porque alguém acreditou neles, mais do que acreditaram em si mesmos.

Você poderia dizer: "Mas Noah, não tenho ninguém que acredite em mim!" Esse é o argumento número 1 que ouço quando apresento este passo em meus seminários. Você precisa compreender: *É justamente essa a questão*. Se você não teve a sorte de nascer em uma família de espelhos afetuosos (como muitos de nós não tivemos), pode encontrá-los agora como adulto.

PORTOS SEGUROS: O ESPELHO AFETUOSO EM AÇÃO

Muito bem, sei o que você está dizendo: "Noah, consigo ver como esse princípio funciona em minha vida pessoal. Mas comprei este livro para poder aprender como ganhar mais dinheiro! Agora você fica me vendendo todas essas coisas superficiais que não me dizem respeito? Que tal falar sobre meu trabalho, meus negócios, minha carreira? A vida lá fora é uma concorrência implacável. Como esse princípio se aplica às exigências diárias de meus negócios?"

Esse é o segundo argumento que mais ouço em meus seminários. Agora, pelo que sei, você precisa fazer *alguma coisa* para ganhar aquilo que se chama dinheiro. Falando de modo geral, você não pode entrar em uma sala e dizer: "Muito bem, pessoal, me amem e me deem muito dinheiro." Se esse é seu trabalho, quero seu cargo! A maneira como isso tipicamente acontece no planeta é: primeiro você oferece valor aos outros seres humanos, e somente então eles lhe dão aquilo que se chama dinheiro.

Como você precisa fazer *alguma coisa* para conseguir dinheiro, é claro que o trabalho é *condicional*. No entanto, já vimos que os seres humanos têm um desempenho melhor quando são apoiados *incondicionalmente* — quando alguém acredita em seu potencial mais do que você acredita em si mesmo.

Como, então, solucionamos a dicotomia condicional/incondicional?

Nós a solucionamos com o que chamo de **porto seguro**. Um porto seguro é alguém que vê sua capacidade e seu potencial, alguém que tem você em um padrão mais elevado e o mantém responsável pelas exigências do negócio. Em outras palavras, o porto seguro não permite que você NÃO se mostre à altura do que é capaz de fazer.

SEU PERSONAL TRAINER

Um ótimo exemplo disso é um personal trainer. Se alguma vez você já trabalhou com um, sabe que ele é, basicamente, como um sargentão encarregado do treinamento de recrutas (espera-se que seja um sargentão incentivador, mas, mesmo assim, não deixará de ser um sargentão). Ele é capaz de dizer coisas como: "Você pode fazer isso, e precisa fazer isso. Vamos lá!"

Se resolvermos agir por conta própria, como agimos quando nos exercitamos? Dizemos, "É hora de abdominais. Pronto? Um, dois... Muito bem, já estou em forma."

Mas um bom personal trainer jamais deixará que você se limite a isso. Você está lá para malhar, suar e dizer "Não consigo fazer isso", mas ele estará lá para dizer "Sim, você consegue!"

Você: "Não, eu não consigo!"

Ele: "Sim, você consegue!"

Você: "Não, eu não consigo!"

Ele: "Sim, você consegue!"

Você: (pausa) "Ei, eu consegui!"

Passo 2: Espelhos afetuosos e portos seguros 117

Seu treinador força e força porque sabe que você consegue. Ele tem confiança em seu potencial, e consegue arrancar um desempenho que você nem ao menos acreditava que pudesse ser capaz de ter.

Esse é o porto seguro. Você diz que não consegue; eles dizem "Sim, você consegue". Um porto seguro lhe dá o apoio incondicional de que você precisa e o mantém em um padrão mais elevado do que você jamais sonharia em alcançar. E o porto seguro faz isso porque acredita em seu potencial, mesmo quando você não acredita em si mesmo.

Os espelhos afetuosos e os portos seguros formam a essência do *código secreto do sucesso*, pelo único e exclusivo motivo de que você não consegue ver seu próprio valor. Se não completar este passo, não haverá razão para você fazer qualquer outra coisa. Por quê? Porque todo integrante dos Três Por Cento teve pelo menos um espelho afetuoso para lhe mostrar seu valor em um determinado momento de sua vida. E isso, sem seu conhecimento consciente, é precisamente o que lhes deu permissão para alcançar o sucesso.

Resultado: se você quiser ser feliz e rico, deve encontrar espelhos afetuosos para sua vida e portos seguros para seus negócios. Não há outras alternativas além dessas.

ELE ERA CHAMADO DE DESAJEITADO

Houve um recebedor de futebol americano que era chamado de Butterfingers* porque, embora fosse novato e recém-formado, não conseguia pegar a bola em sua primeira temporada

---

* *Butterfingers*, literalmente "dedos de manteiga", é o apelido que se dá a uma pessoa desajeitada, que deixa cair tudo que pega. (*N. do T.*)

como profissional. Era um rapaz supertalentoso, de uma cidadezinha no Mississippi. Seus técnicos e os jogadores de seu time amador viam sua habilidade nata, mas como sua equipe tinha base em São Francisco, ele estava a milhares de quilômetros de seus amigos e de sua família. Sentia-se sozinho e, para complicar ainda mais, achava que estava decepcionando seus colegas de equipe.

Assim, procurou seu técnico e o informou que ia desistir. O técnico, um homem muito inteligente chamado Bill Walsh, lhe disse o seguinte:

"Filho, não vou deixá-lo desistir. Já vi o que você pode fazer no campo. Deus lhe deu o dom e a habilidade de jogar futebol. Sei que está muito longe de casa, mas seus companheiros de equipe acreditam em você. Eu acredito em você. Sei que pode fazer isso. E não vou permitir que desista, porque acho que você vai ser um dos maiores recebedores que este jogo já viu."

Depois que Bill Walsh disse isso a ele, uma luz se acendeu. Aquele rapaz se tornou o jogador mais incansável na National Football League. Seus exercícios passaram a ser lendários. Ele fazia exercício após exercício, era o primeiro a chegar ao campo pela manhã e o último a sair. As luzes do estádio precisavam ficar acesas só por causa dele!

E, ao final de sua primeira temporada, Jerry Rice estava prestes a se tornar o maior recebedor da história do jogo. Ele detém todos os recordes de recebedores da NFL, inclusive o maior número de recepções em carreira (1.549), em movimento com a bola (22.895 — o que representa mais de 20 QUILÔMETROS!), e recepções com *touchdowns* (197).

Tudo isso aconteceu por causa de um homem, Bill Walsh, que acreditou em Jerry quando ele não acreditava em si mesmo. Assim, se acha que o que estou lhe ensinando aqui parece superficial, deixe-me assegurar a você: este princípio é o método mais poderoso, além de ser o que atinge mais objetivos e que mais foca no resultado final para fazer com que você tire o pé do freio. É também o princípio oculto que toda pessoa, equipe ou organização feliz e bem-sucedida já usou — com ou sem seu conhecimento.

COMO GANHAR APOIO INCONDICIONAL PARA SUA VIDA PROFISSIONAL

Nenhum de meus amigos ou amigas multimilionários já me disse: "Ah, sim, eu fiz tudo sozinho. Não precisei de ninguém." Se insistir em ser o lobo solitário — e muitos de meus alunos agiam assim quando me procuravam (precisamente por isso eles estavam lutando) —, então meu trabalho com incontáveis estudantes mostra que você vai continuar se esforçando por muito, muito tempo.

Tentar alcançar o sucesso sem o apoio de outras pessoas é como estar em uma mina de ouro escavando com uma colher de chá.

Muitas pessoas, neste exato momento, estão em uma mina de ouro, escavando com suas colheres de chá chamadas "Não peça ajuda" ou "Não tenho ninguém" — enquanto, bem embaixo de seus narizes, existe uma retroescavadeira novinha que nunca foi usada, conhecida como espelhos afetuosos e portos seguros.

Esse ouro, esse tesouro está dentro de você... então vamos começar a descobri-lo juntos.

LIBERTE-SE DO TIRANO QUE HABITA SUA MENTE

Aqui está o primeiro exercício que você precisará fazer para se libertar de seu lixo mental e tirar o pé do freio. Você não pensou que ia se dar bem simplesmente *lendo*, não é? Lembre-se, este é um curso de AÇÃO. E estou dizendo isso de duas maneiras: este sistema exige que você exerça uma AÇÃO; e, sinto muito por ter de lhe dizer isto, mas se não fizer alguma coisa diferente do que já fez antes, há uma grande probabilidade de que você não alcance resultados diferentes dos que já teve no passado.

Este exercício é chamado de *escavar e expulsar sua reflexão negativa*. Sua reflexão negativa — o espelho distorcido da casa de espelhos no qual você se vê — provoca seu lixo mental e diz coisas como: "Você não é suficientemente bom." Assim, a primeira coisa que precisamos fazer para tirar seu pé do freio é *escavar* sua reflexão negativa — trazê-la à superfície — e então *expulsá-la* — dizer a ela para dar o fora.

Pegue uma folha de papel e divida-a em duas colunas: uma para sua reflexão negativa e uma para seu eu autêntico. Primeiro, quero que você escreva o que sua reflexão negativa está lhe dizendo. O que seu lixo mental está lhe dizendo?

Talvez ele diga: "Você não pode fazer isso. Jamais conseguirá fazer isso. Você é uma fraude. Você é um impostor, e ninguém gosta de você." O que quer que seja, escreva.

Pegue quanto papel quiser. Não se sinta restrito a uma única folha. Sugiro também que inicie um *diário do código secreto do sucesso*. Tome o tempo que quiser. Você não precisa compartilhar o que escrever com ninguém.

Caso esteja se perguntando se anotar essas coisas negativas dará poder a você, aqui vai a verdade: sua reflexão negativa já está em sua cabeça. Você está simplesmente acendendo a luz ao fazer este exercício. O elefante está na sala; ignorá-lo ou fazer de conta que ele não está ali não o fará ir embora. Afinal, você já está tentando fazer isso há anos, não está?

Então, traga sua reflexão negativa para a superfície de uma vez por todas. Acenda a luz para que ela não fique mais oculta — assim, conseguiremos nos livrar dela.

EXERCÍCIO: ESCAVAR E EXPULSAR SUA REFLEXÃO NEGATIVA (A LISTA)

Minha reflexão negativa	**Meu eu autêntico**
O que meu lixo mental me diz	Quem eu sou realmente

Uma vez feito isso, respire profundamente. Sei que não foi divertido. Talvez você deva levantar-se e dar uma caminhada.

Muito bem, depois de ter feito isso, quero que você fique em silêncio e ouça. Ouça quem você realmente é. Então, redija uma declaração do seu eu autêntico.

Seu eu autêntico é quem você realmente é, e não o tirano que está vivendo em sua cabeça. Seu eu autêntico é aquela voz calma e suave dentro de você. É aquela voz que diz: "Ei, quer saber? Sou suficientemente bom. E se eu não fizer faculdade? Muita gente de sucesso ou não cursou uma faculdade ou não terminou os estudos universitários. O que faz com que essas pessoas sejam melhores do que eu? Ninguem se importa com isso. Tudo com que se importam é o valor que estou trazendo para elas."

Ou talvez seu eu autêntico diga: "Sou suficientemente bom porque sou uma pessoa de valor, e já cansei de me colocar em último lugar. Estou trazendo valor para a vida das pessoas e gosto de fazer isso. Posso obter sucesso em qualquer coisa que escolher e posso me esforçar para isso."

Aqui estão alguns exemplos de meus alunos:

Patty

Reflexão negativa	Eu autêntico
Não sou suficientemente inteligente para alcançar o sucesso.	Estou no topo dos 2% de pessoas inteligentes neste mundo (quantas vezes vou precisar ser golpeada na cabeça para entender isso?), e se alguém é suficientemente inteligente para ter sucesso, esse alguém sou eu.
O meu transtorno do déficit de atenção e hiperatividade me impossibilita de manter a concentração e, portanto, de alcançar o sucesso.	Já provei, através de trabalhos anteriores, que tenho a habilidade de me manter concentrada e permanecer em uma tarefa por longos períodos.

Passo 2: Espelhos afetuosos e portos seguros   123

Clare

Reflexão negativa	**Eu autêntico**
Não sou sexy.	Deus foi muito bom comigo.
Sou muito gorda.	Sou atraente.

Piper

- Minhas reflexões negativas me dizem que não sou competente nem suficientemente boa, que intimido e ofendo outras pessoas, e que não sou percebida como autêntica.
- Meu espelho afetuoso e meu porto seguro são meu maravilhoso marido e meu chefe.
- Eles me ajudaram a ver que meu eu autêntico transmite excelência, incentivo e entusiasmo incansável, o que me permite revelar o que há de melhor nas outras pessoas. Sou determinada, criativa e educada.

Escreva o que quer que seu eu autêntico esteja lhe dizendo. Mas é preciso fazer isso em silêncio. É por isso que ele é chamado de *voz calma e suave*. A reflexão negativa é alta, detestável e incomoda. Isso sim é um tirano.

EXERCÍCIO: SAIA DA ESCURIDÃO

Depois de ter redigido sua lista, responda a estas perguntas:

1. *Com quem* eu poderia compartilhar minha lista?

2. *Quando* posso compartilhar com essas pessoas?

3. *Como* o ato de compartilhar minha lista vai me ajudar a obter uma perspectiva correta?

4. *Quais* são os exemplos específicos de que a reflexão negativa está errada?

5. *De onde* vem minha reflexão negativa?

6. *Por que* ela NÃO é quem eu realmente sou?

Você notou algo nessas perguntas? Todas elas começam com um dos seis servos de Rudyard Kipling:

Tenho seis servos venerandos
(Eles me deram tudo que têm);
Seus nomes são O Que e Por que e Quando
E Como e Onde e Quem.

As perguntas que começam com esses seis servos têm o objetivo de trazer à tona *fatos* — porque a reflexão negativa não só vive em segredo, como também existe nas mentiras. Se não reunir fatos precisos sobre quem você realmente é (como, por exemplo, que seus olhos são castanhos e não azuis), sua reflexão negativa continuará no poder — dizendo mentiras nas quais você acredita.

Compartilhe sua lista com, pelo menos, uma pessoa de confiança. Diga a ela honestamente: "Dou muito valor a você, e dou um grande valor à sua opinião. Pode dar uma olhada nisto?" E peça a ela para ler sua lista e lhe dizer a verdade a partir de sua perspectiva.

Meus alunos que fizeram isso descobriram que as pessoas com as quais compartilham suas listas normalmente lhes dizem: "O quê?! Essa opinião negativa não tem nada a ver com você! De onde foi que você tirou isso?" Muitos relataram que

Passo 2: Espelhos afetuosos e portos seguros 125

esse exercício representou a mudança decisiva em suas vidas adultas.

Você precisa começar a se ver através dos olhos de seus espelhos afetuosos, não de sua reflexão negativa — porque, assim como precisa se olhar em um espelho para ver seus próprios olhos, essa é a única maneira de ver sua verdadeira imagem.

Quando responder à pergunta "Como o ato de compartilhar minha lista vai me ajudar a obter uma perspectiva correta?", escreva os motivos por que você faz algo (benefícios) e compartilhe sua lista com um amigo de confiança.

Finalmente, escreva exemplos específicos de situações onde sua reflexão negativa esteja errada. Essa é a única maneira de matar a reflexão negativa: com fatos e dados.

Por exemplo, minha reflexão negativa poderia dizer: "Ninguém gosta de ter você por perto." Mas eu poderia perceber: "Espere um minuto. Muita gente gosta de mim. Acabei de falar ao telefone com cinco pessoas diferentes que realmente gostaram de falar comigo!" Assim, quando aquela reflexão negativa voltar, você simplesmente a combaterá com a verdade.

QUAIS SÃO SEUS AVISOS?

Cada um de nós vem a este mundo como uma luz brilhante e suficientemente boa.

No entanto, o que acontece é que às vezes ostentamos avisos negativos colocados em nós: *Não sou suficientemente bom. Sou preguiçoso. Gordo. Feio. Idiota. Todos ficariam mais felizes se eu não estivesse por perto.*

Esses avisos negativos são colocados em nós ao longo de nossas vidas. Podem ter sido colocados por professores, rivais, familiares, amigos, colegas de trabalho e até por nós mesmos.

Quando temos esses avisos, o que acontece com nossa luz? Ela começa a ficar encoberta. Eventualmente, fica difícil de ver — mas, ironicamente, a luz em si não mudou; só a visibilidade externa é que diminuiu. Nada na luz interna mudou; nem mesmo esses avisos negativos conseguem apagar a luz.

Desde os tempos bíblicos, os seres humanos têm sido lembrados: "Não esconda seus talentos." O que isso lhe diz? Que os seres humanos têm feito isso desde... Bem, desde sempre. É por isso que esse fenômeno é tão comum.

Se você já tem idade suficiente para ler este livro, já tem idade suficiente para assumir a responsabilidade por sua vida. Não se trata de apontar o dedo, acusar e dizer "Eles fizeram isso comigo!" Não, estamos fazendo exatamente o oposto — porque nenhuma pessoa bem-sucedida é uma vítima.

Agora, escreva os avisos que foram colocados em você. Este é o primeiro passo no sentido de assumir a responsabilidade — quando você vai poder dizer: "Sim, esses avisos podem ter sido colocados em mim. Mas vou retirá-los agora mesmo, porque não são verdadeiros."

EXERCÍCIO: O POSTE DE ILUMINAÇÃO E OS AVISOS

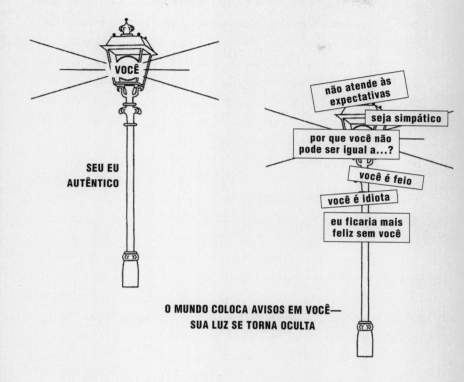

1. Quais foram os cinco principais avisos colocados em mim?

2. Qual é o contrário desses avisos?

3. Quem eu realmente sou?/ Meu eu autêntico é:

4. Com quem vou compartilhar esta informação?

5. Quando vou compartilhar?

Seus avisos negativos podem ser algo como: *Eu não sou bom; sou preguiçoso; você é burro; você é bobo.* (Note que, algumas vezes, a reflexão negativa se expressa como se estivesse falando com "você" e, outras vezes, fala em primeira pessoa).

Agora vamos inverter esses avisos. Por exemplo, o oposto de "Sou burro" é "Sou inteligente". O oposto de "Não sou suficientemente bom" é "Sou suficientemente bom". O oposto de "Eu não frequentei uma faculdade" é "Quem se importa?" (Na verdade, as pessoas não se importam com seu nível de escolaridade, elas se importam com o quanto você pode ajudá-las.)

Em seguida, escreva sua resposta para "Quem eu realmente sou?/Meu eu autêntico é..." Escreva uma declaração em poucas palavras sobre seu eu autêntico, tal como "suficientemente bom", "filho de Deus" ou qualquer coisa que queira dizer. Quero que você escreva algo que possa ficar claro em sua mente, uma frase rápida que seja fácil de lembrar.

As últimas perguntas são sobre a pessoa ou as pessoas com quem você vai compartilhar essa informação, e quando. Estabeleça um prazo final, porque queremos sua reflexão negativa fora da escuridão — e a única maneira de fazer isso é compartilhá-la com alguém. A reflexão negativa é como um tirano em sua mente. Um tirano só permanece forte quando você não o confronta ou tenta fugir dele. Quando resolve enfrentá-lo e diz "Você está falando COMIGO?!" é que consegue se libertar da ameaça em sua mente.

AS SETE PRINCIPAIS PERGUNTAS DE APOIO

O próximo passo para identificar os espelhos afetuosos em sua vida pessoal e os portos seguros para sua vida profissional é fazer a si mesmo as sete principais perguntas de apoio:

Passo 2: Espelhos afetuosos e portos seguros 129

1. O que o apoio incondicional significa para mim?
2. De que apoio eu mais preciso em minha vida neste momento? E em meus negócios?
3. De quem eu gostaria de receber esse apoio?
4. O que essas pessoas ganhariam me dando seu apoio? (Relacione os benefícios para cada pessoa.)
5. O que eu gostaria de ouvir das pessoas que são importantes em minha vida?
6. Se houvesse apenas uma coisa que eu pudesse perguntar a elas, o que seria?
7. Que AÇÕES estou disposto a tomar para conseguir o apoio de que preciso?

Pergunta principal de apoio nº 1 — O que o apoio incondicional significa para mim?

Não posso lhe dizer o que o apoio incondicional significa para você. Provavelmente, você não sabe o que ele significa. Por quê? Porque, com certeza, nunca se questionou sobre isso. Aposto que nunca percebeu que ele não só é de vital importância para seu sucesso, como também é *o passo mais essencial* para tirar seu pé do freio.

Você não pode se esquivar disso, e nenhum dos Três Por Cento puderam, também. Eles o criaram inconscientemente ou sempre o tiveram. Quando você sempre teve algo, não sabe como seria viver sem ele. Mas as pessoas que estão lutando para ser bem-sucedidas não o têm ou não sabem o quanto ele é importante para o sucesso de sua vidas pessoal e profissional.

Perguntas principais de apoio n°s 2 e 3 — De que apoio eu mais preciso em minha vida neste momento? E em meus negócios? De quem eu gostaria de receber esse apoio?

As respostas a essas duas perguntas podem ser muito similares. Por exemplo, se você tem seu próprio negócio, o apoio de que vai precisar para sua vida pessoal e o de que precisará para sua vida profissional estão intimamente relacionados. No entanto, quero que você pense sobre a diferença no apoio de que precisará para sua vida, independentemente do que vai precisar para seus negócios. Estou supondo que você tenha uma vida que é separada de seus negócios. Se não tiver, acertaremos isso no Passo 4.

Por exemplo, em sua vida pessoal você poderia precisar de que seu cônjuge o ajudasse com o trabalho em casa, ou poderia decidir que precisa de uma pessoa para cuidar disso. Por outro lado, em sua vida profissional, talvez você precise de um assistente executivo ou de um diretor de marketing. Talvez você precise de ajuda com um determinado equipamento, ou talvez precise de que as pessoas que ocupam cargos superiores trabalhem mais com você. Use seu *diário do código secreto do sucesso* e escreva tudo que quiser.

Pergunta principal de apoio n° 4 — O que <u>essas pessoas</u> ganhariam <u>me</u> dando seu apoio?

Todo comportamento humano é construído com base em duas coisas — motivos por que se faz algo e motivos por que não se faz algo. Prós e contras, custos e benefícios — tudo se encaixa nos motivos por que você faz algo e nos motivos

Passo 2: Espelhos afetuosos e portos seguros   131

por que você não faz algo. Ninguém faz algo se não perceber que isso lhe trará benefícios. Assim, se quiser que alguém faça alguma coisa para você, é melhor descobrir como isso vai beneficiar essa pessoa.

Por exemplo, conduzo frequentemente telesseminários nos quais promovo programas de outros autores. Por que eu faria isso? O outro autor se beneficia com publicidade grátis. Além disso, minha equipe na web faz todo o trabalho. Eu me beneficio porque mais pessoas ouvem falar sobre mim e isso promove um clima de camaradagem entre meus colegas. Que tal isso como um motivo para fazer algo?

Porém, eu poderia ter abordado outros autores e sugerido: "Ei, faça isso porque quero que mais pessoas ouçam falar de mim." Você acha que alguém teria dito: "Puxa, onde é que eu assino?" Não, tenho plena certeza de que teriam respondido: "Quem se importa com você?"

É por isso que fiz com que a coisa ficasse ridiculamente benéfica para *eles*, assim teriam de ser loucos para não aceitar. Publicidade grátis sem precisar fazer nada. Agora estamos nos entendendo.

É a mesma coisa quando você solicita apoio. Qual poderia ser o benefício *para eles*? Venda direta ou marketing de rede é o exemplo mais claro disso. Você acha que as pessoas que têm cargos superiores ao seu vão se beneficiar em lhe dar apoio? Quando você começar a ter sucesso, o que vai acontecer com elas? As contas bancárias vão ficar maiores, é isso que vai acontecer.

Quando você tira seu pé do freio, todas as pessoas acima de você começam a ganhar mais. Puxa, fico pensando, será que todas essas pessoas com cargos superiores ao seu querem que você tenha um sucesso ainda maior?

Pense sobre isso cuidadosamente, porque quando parar de falar sobre os benefícios para você e começar a comunicar os benefícios para essas pessoas, aí você vai começar a ganhar a vantagem de que precisa para alcançar o sucesso.

O resultado do comportamento humano:

As coisas ficam muito fáceis quando você está sempre falando sobre como a outra pessoa se beneficia.

Pergunta principal de apoio nº 5 — O que eu gostaria de ouvir das pessoas que são importantes em minha vida?

Muitas pessoas estão carentes de atenção, apreciação e reconhecimento. Então o que você gostaria de ouvir? Talvez seja algo como "Tenho orgulho de você. Você fez um ótimo trabalho. Eu amo você. Fico feliz por ter você por perto. Estou muito feliz por você estar aqui." O que você quer ouvir?

Pergunta principal de apoio nº 6 — Se houvesse apenas uma coisa que eu pudesse perguntar às principais pessoas em minha vida, o que seria?

Eu não sei o que seria, e você talvez ainda não saiba. Quero que pense sobre o que iria sentir se pudesse perguntar somente uma coisa às principais pessoas em sua vida. "Se houvesse apenas uma coisa que eu pudesse perguntar a elas, seria..." o quê?

Você talvez tenha pessoas e situações diferentes para imaginar. Qual é a coisa mais importante que você gostaria de perguntar a elas? Se não souber o que é, acho altamente

Passo 2: Espelhos afetuosos e portos seguros 133

improvável que consiga o apoio que quer e precisa. Você deve ser claro. Por isso, pense sobre isso e escreva.

Pergunta principal de apoio nº 7 — Que AÇÕES estou disposto a executar para conseguir o apoio de que preciso?

Se quiser ser uma pessoa comum, tudo que precisa fazer é se sentar, choramingar e reclamar. As pessoas que não alcançam o sucesso reclamam que o mundo não está lhes dando o apoio necessário. Por outro lado, os Três Por Cento ficam calados, trabalham e mostram às outras pessoas como elas vão se beneficiar dando apoio *a eles*.

O que você vai fazer de diferente para conseguir o apoio de que necessita? Faça tudo o que puder imaginar; quanto mais maluco, melhor. Ora, se o que tem feito até agora tivesse dado certo, você já seria bem-sucedido! Portanto, por definição, o que parece loucura para você pode ser a ação que fará toda a diferença.

HORA DA ENTREVISTA

Depois de responder às sete perguntas principais de apoio, é hora de fazer alguma coisa com as informações que obteve. Anteriormente, mencionei que você precisa encontrar espelhos afetuosos para sua vida pessoal e portos seguros para sua vida profissional. Bem, agora é a hora em que vamos fazer isso.

Eu poderia dizer-lhe simplesmente para se aproximar de seus espelhos afetuosos em potencial e conversar com essas pessoas. Mas o que diria a eles? Você não acha que eu deixaria você na mão, com tamanha insegurança, não é? Em vez disso, vou lhe dar o roteiro para que não precise se preocupar com o que dizer. Você pode ser totalmente transparente e dizer aos seus amigos:

"Você é uma pessoa muito importante para mim. Estou fazendo algumas grandes mudanças em minha vida e gostaria que você fizesse parte delas. Estou lendo um livro escrito por um tal de Noah St. John, e ele nos sugeriu que devemos entrevistar a pessoa mais importante de nossa vida, porque, segundo ele, as pessoas mais bem-sucedidas têm outras pessoas que acreditam nelas."

Seus amigos podem responder: "Do que você está falando?" Então explique de maneira simples e honesta. Diga a eles que essas são as perguntas que você deve fazer.

Deixe que eles saibam exatamente o que você está fazendo. Diga: "Quero fazer algumas grandes mudanças e você tem um papel importante nisso. Eu gostaria de saber se posso lhe fazer essas perguntas. Você topa?"

O que eles vão dizer? "Não, eu não quero falar com você porque você me fez sentir uma pessoa importante!?"

Você gostaria se alguém lhe dissesse algo como: "Quer dizer que você gosta de *mim*? Você me dá *valor*?" Por sinal, posso lhe garantir, com absoluta certeza, que ninguém nunca disse isso a eles. Pense nisso: Quando foi a última vez que alguém disse algo assim para *você*?

Você pode fazer isso pelo telefone ou pessoalmente; pode sair para tomar um café, almoçar ou só marcar um encontro. Muitos de meus alunos fizeram isso por e-mail, porque, naturalmente, você pode ter espelhos afetuosos e portos seguros do outro lado do mundo tão facilmente quanto em sua própria cidade. Isso também é válido.

Então, aqui está seu roteiro. Você não precisa reinventar a roda. Ela está bem aqui.

EXERCÍCIO: ENTREVISTA COM SEUS ESPELHOS AFETUOSOS E PORTOS SEGUROS

1. Qual é a vantagem que você obtém por ter a mim em sua vida?

2. O que você *ganhou* com nosso relacionamento? Por favor, seja específico.

3. O que estaria *faltando* se eu não estivesse em sua vida?

4. Em sua opinião, quais são meus *pontos fortes*?

5. O que posso fazer de forma *diferente* para melhorar nosso relacionamento?

6. Se houvesse uma palavra ou uma frase que você pudesse usar para descrever nosso relacionamento, qual seria?

7. Em uma escala de 1 a 10, que nota você daria ao nosso relacionamento?

8. (Se a nota for inferior a 10) O que posso fazer para merecer um 10?

Essas perguntas são bem diretas, mas quero destacar as perguntas 7 e 8. Foi Jack Canfield quem as sugeriu e são as duas perguntas mais brilhantes que já vi sobre relações humanas.

Pergunta 7: "Em uma escala de 1 a 10, que nota você daria ao nosso relacionamento?" Pergunte e preste atenção. Se a resposta for qualquer nota inferior a 10, então você precisa fazer a Pergunta 8: "O que posso fazer para merecer um 10?"

Jack costuma dizer que ele e sua mulher fazem essas duas perguntas um ao outro toda semana, quer ele esteja ligando de Kuala Lumpur ou em casa com sua família. Eles sempre encontram tempo para fazer essas perguntas — "Em uma escala de 1 a 10, que nota você daria ao nosso relacionamento?" e "O que posso fazer para merecer um 10?"

Se você trabalha, recomendo enfaticamente que faça à sua equipe, ao seu departamento, a seus empregados, e até mesmo a seus colaboradores essas duas perguntas. Procure toda pessoa importante em sua organização e diga: "Vamos fazer isso. Vamos chegar a um 10." Você terá conquistado a lealdade deles.

DE ONDE VOCÊ VEM

Não estou me referindo ao lugar onde você nasceu. O que quero dizer é que, durante este processo, saber *de onde você vem é ainda mais importante do que as perguntas que fizer*. Você deve vir de um lugar de autenticidade, não de necessidade.

Você não pode se defender. Por quê? Porque quando se defende, você perde. Por exemplo, suponhamos que você pergunte a alguém "Em uma escala de 1 a 10, que nota você dá ao nosso relacionamento?" e ela responda: "Dou nota 4". Você reage defensivamente: "Quatro! Do que você está falando? Estou sempre fazendo coisas para você, sou sempre simpático com você..." Se fizer isso, você já perdeu.

Embora você não goste de ouvir o que ela está dizendo, precisa manter a calma. Respire fundo. Diga calmamente: "Puxa, 4. Isso não é muito bom. E aí, o que está acontecendo que eu ainda não sei?"

Viu o que você acabou de fazer aqui? Deu à outra pessoa *permissão para lhe contar a verdade*. Ela poderia dizer: "Bem,

Passo 2: Espelhos afetuosos e portos seguros 137

você nunca me ouve atentamente, fica me interrompendo o tempo todo, e nunca me deixa terminar de contar aquela história..." Este é seu momento da verdade. Se puder deixar que a pessoa lhe conte a verdade *dela*, sem se defender, então você ganhou.

A coisa nº 1 pela qual os seres humanos anseiam silenciosamente é apenas serem ouvidos — sem serem mal-interpretados.

Todos querem contar sua história. E se você se tornasse a única pessoa que não as recriminasse por isso?

Você não precisa concordar com tudo que as pessoas dizem. Mas também não precisa recriminá-las. Tudo o que você está fazendo é ouvir atentamente. Você pode dizer algo como: "Puxa, eu não tinha ideia de que estava fazendo isso. Sinto muito. Vou ter um comportamento melhor na próxima vez." (E é muito melhor se você estiver sendo sincero.)

O FIM DAS DESCULPAS

Você pode ter desculpas ou sucesso — mas não as duas coisas. Se der desculpas como "Eu estava doente naquele dia, não estava me sentindo bem, alguém fez isso comigo quando eu tinha 6 anos", você acaba se diminuindo aos olhos daquela essoa e perde essa oportunidade de crescer.

Todo mundo tem desculpas. As pessoas que não alcançam o sucesso vivem choramingando e são vítimas. Não seja uma delas! Diga: "Puxa, eu não sabia que estava tendo um comportamento tão ruim. O que posso fazer para melhorar?"

Por outro lado, você poderia ficar agradavelmente surpreso. Talvez a pessoa a quem você pergunte diga que seu relacionamento merece uma nota 9. Então, você pode dizer: "Puxa, uma nota 9 é muito boa. O que eu devo fazer para merecer um 10?"

Dê às pessoas permissão para lhe dar uma resposta honesta. Então, você terá aquela confiança para saber que pode melhorar na próxima vez. Dê às pessoas permissão de serem verdadeiras, e você vai descobrir que haverá maior probabilidade de que elas o ajudem da próxima vez.

UM MOTIVO FINAL PARA FAZER ALGO

Encontrar seus espelhos afetuosos e seus portos seguros vem com um benefício adicional: todos os outros programas de sucesso lhe dizem, implicitamente, que deve procurar a si mesmo para, assim, encontrar a força para completar suas ações. No entanto, a questão é que a maioria de nós não acredita suficientemente em si mesmo para terminar o que começou!

Ao ganhar apoio incondicional de outras pessoas, você se assegura de que não precisa mais depender de sua própria força de vontade para tirar o pé do freio. Portanto, se você estiver estagnado em sua vida pessoal ou em sua vida profissional em algum momento no futuro, basta simplesmente voltar a este passo e fazer os exercícios outra vez. Descobri, trabalhando com milhares de alunos, que à medida que nos permitimos ser bem-sucedidos em níveis cada vez mais elevados, precisamos buscar consistentemente amparo no apoio que nos levou até lá. Portanto, *O código secreto do sucesso* é o único sistema de aperfeiçoamento pessoal com um passo à prova de falhas integrado a ele.

Quando completá-lo, você não precisará mais depender de sua própria força de vontade ou de se "autoincentivar".

Passo 2: Espelhos afetuosos e portos seguros 139

Porque, como vimos, esses recursos são muito limitados. Então você poderá fazer simplesmente o que os Três Por Cento estão fazendo, inconscientemente, o tempo todo — deixar que outras pessoas acreditem em você, e permitir que elas lhe ofereçam seu apoio em sua jornada para alcançar uma vida mais rica e mais feliz.

UMA RÁPIDA RECAPITULAÇÃO

1. Assim como você não consegue ver seus próprios olhos olhando de dentro de si mesmo, também não consegue determinar ou sequer entender seu próprio valor olhando para si mesmo. É por isso que precisa do *apoio incondicional* de outras pessoas para se tornar o ser humano que deveria ser.

2. **Espelhos afetuosos** são pessoas que lhe dão apoio incondicional em sua vida pessoal, e **portos seguros** o apoiam em sua vida profissional. A principal diferença é que um porto seguro vê seu potencial pessoal, ao mesmo tempo em que dá a você a responsabilidade pelas exigências do negócio.

3. O **princípio do espelho afetuoso** vira a literatura de autoajuda de cabeça para baixo, porque os professores tradicionais lhe disseram para "acreditar em si mesmo", quando a verdade é que acreditar em si mesmo é a última coisa que acontece. Antes de poder acreditar em si mesmo, você precisa ter outra pessoa que acredite em você.

4. Faça os exercícios neste capítulo para encontrar seus espelhos afetuosos e seus portos seguros. Esse processo

durará por toda a sua vida. Muitas pessoas (inclusive eu, que estou escrevendo este livro) o iniciaram sem espelhos afetuosos ou portos seguros. No entanto, se mantiver seu foco no que está indo bem com as pessoas em sua vida, você começará a atrair o tipo de pessoa que pode lhe dar apoio em sua jornada para o sucesso.

Próximas ações: Relacione três coisas que você pode fazer, a partir deste capítulo, nos próximos 7 dias para conquistar e ter um maior nível de apoio incondicional para sua vida pessoal e profissional.

1. _____

2. _____

3. _____

AS 10 PRINCIPAIS AFORMAÇÕES PARA O PASSO 2:

1. Por que tenho tantos espelhos afetuosos em minha vida pessoal?

2. Por que tenho tantos portos seguros em minha vida profissional?

3. Por que sou um espelho afetuoso e um porto seguro para as pessoas em minha vida?

4. Por que me responsabilizo por conquistar o apoio de que preciso para alcançar o sucesso?

5. Por que tenho a coragem de pedir o apoio de que preciso?

Passo 2: Espelhos afetuosos e portos seguros 141

6. Por que estou sempre no lugar certo no momento certo com as pessoas certas?

7. Por que recebo e ofereço apoio em igual medida?

8. Por que tantas pessoas maravilhosas me apoiam?

9. Por que atraio tantos líderes em minha vida profissional?

10. Por que tenho permissão de ser quem eu realmente sou?

CAPÍTULO 6

Passo 3: Sistemas de apoio

"Ponha uma pessoa boa em um sistema ruim, e o sistema vencerá todas as vezes."

W. EDWARDS DEMING

Pense em sua casa. Na verdade, o que *é* sua casa? Em essência, ela consiste em duas coisas — **estrutura** e **sistemas**. A estrutura de uma casa é seu estilo, em particular — moderna, de campo, vitoriana etc. —, e inclui a maneira pela qual suas partes individuais são dispostas: número de quartos, tamanho dos cômodos, localização dos aposentos e daí por diante. A estrutura da casa é representada por suas partes.

Os sistemas fazem com que as partes de sua casa tenham uma função. Eles incluem: eletricidade, aquecimento, ventilação, encanamento, e assim por diante. Esses sistemas lhe permitem viver confortavelmente. Essa é a função de uma casa. Quando os sistemas não funcionam adequadamente, você tem um imóvel onde não é nada agradável morar.

Quando é o único momento em que você pensa sobre os sistemas de sua casa? Exatamente: quando eles quebram. Você só pensa em um sistema da casa quando ele não está funcionando. O único momento em que você pensa em seu encanamento é quando o cano do esgoto fica entupido. Você só pensa na eletricidade quando tenta acender uma luz e nada acontece.

Pense em seu corpo. Ele é semelhante a uma casa, porque também é composto de estrutura e sistemas. A estrutura é sua fisionomia básica: homem ou mulher, alto ou baixo, seus traços individuais e suas características genéticas.

Então, você tem os sistemas. A função dos sistemas de seu corpo é mantê-lo vivo. Seu corpo tem dezenas de sistemas interdependentes: circulatório, muscular, esquelético, nervoso, respiratório, imunológico... encanamento! Quando é que você pensa nesses sistemas? Adivinhou: quando eles não funcionam. Você nunca pensa em seu sistema respiratório a menos que, subitamente, não consiga respirar. Ou em seu sistema digestivo até se encontrar no consultório de um médico dizendo: "Meu Deus, talvez eu não devesse ter comido aquelas quinze rosquinhas de chocolate..."

Como você pode ver, se os sistemas de sua casa ou de seu corpo não estiverem funcionando em níveis ideais, você tem um monte de peças que não servem para cumprir a função que você quer. Bem, o mesmo acontece com sua vida pessoal e com sua vida profissional.

Sua vida e seus negócios também consistem de estrutura e sistemas. Mas vamos ver aonde isso nos leva.

AS DUAS COISAS QUE FALTAM NA VIDA PESSOAL E NA VIDA PROFISSIONAL DE MUITAS PESSOAS

1. A maioria das pessoas não tem ideia do que são os sistemas de sua vida pessoal e de sua vida profissional; e
2. Quase ninguém sabe como ajustar esses sistemas quando eles não funcionam.

Muitas pessoas estão agindo mais ou menos assim: *"Ah, meu Deus! Estou muito atarefado. Não sei o que fazer! Tenho muitas coisas para fazer e o tempo é curto. Estou sem grana! Não tenho dinheiro. Estou acima do meu peso ideal. O que vou fazer?"*

Qual é *a função* de sua *vida pessoal?* E de sua *vida profissional?* Muita gente nunca se fez essas perguntas simples, porém essenciais. Na verdade, essas pessoas nem ao menos conhecem a pergunta, muito menos sua resposta.

Depois de trabalhar com milhares de alunos agradecidos, percebi uma coisa ao mesmo tempo profunda e simples. Não estou tentando lhe dizer qual é o significado da vida, mas parece que a função mais alta de um indivíduo é *viver da maneira que ele mesmo escolher*. Isso significa ser capaz de escolher a vida que você realmente quer.

E a função de um negócio? A função essencial de um negócio é *oferecer valor a um grupo de seres humanos e realizar um lucro a partir daquela atividade*.

Como você pode ver a partir dessas duas descrições, muita gente não está vivendo o que poderia ser chamado de uma "vida ideal", e muitas empresas certamente não estão funcionando em níveis ideais. Muitas pessoas têm uma ligeira compreensão disso, e estão correndo de um lado para outro, tentando "solucionar" o problema. Mas se você tivesse um problema de encanamento em sua casa (ou em seu corpo!) e continuasse ligando para um eletricista, acha que essa operação seria bem-sucedida?

Respire fundo. Você pode parar de correr agora. Isso porque, depois de trabalhar com incontáveis alunos em meus programas de treinamento e de estudar as pessoas felizes e bem-sucedidas do mundo, identifiquei os cinco sistemas essenciais que precisam operar apropriadamente para que você tenha uma vida pessoal e uma vida profissional que realizem as funções que você quer.

OS CINCO SISTEMAS ESSENCIAIS DE APOIO™

O sistema 1 é seu **sistema de pessoas**.

O sistema 2 é seu **sistema de atividades**.

O sistema 3 é seu **sistema de ambiente**.

O sistema 4 é seu **sistema de introspecção**.

O sistema 5 é seu **sistema de simplificação**.

Pessoas, Atividades, Ambiente, Introspecção e Simplificação. Esses são os cinco sistemas de apoio em sua vida pessoal e em sua vida profissional. Você vai notar, à medida que falarmos sobre cada um, que os mesmos sistemas que precisam funcionar adequadamente em sua vida pessoal também devem funcionar apropriadamente em sua vida profissional. Isso vem bem a calhar, porque significa que podemos estudar os mesmos sistemas para os dois casos.

Pouco importa qual é sua profissão, se você é um empresário ou se trabalha para alguém. Os sistemas são os mesmos. Consultei inúmeros setores diferentes, trabalhei com milhares de pessoas em meus seminários e estudei em primeira mão incontáveis indivíduos muito bem-sucedidos. Simplesmente não importa quem você é, o que faz ou em que ramo de atividade atua; os sistemas são os mesmos.

No entanto, isso significa que se um desses cinco sistemas essenciais não estiver funcionando adequadamente em sua vida pessoal ou em sua vida profissional, não só sua renda vai sofrer como também sua paz de espírito, sua saúde, seu bem-estar e seus relacionamentos. Você pode estar percebendo isso como um ligeiro sentimento de "algo errado", mas pode se sentir incapaz de identificar exatamente o que é. À medida que verificarmos cada sistema, você verá não apenas o que está errado, mas precisamente como solucionar o problema.

A PRÁTICA LEVA...

A dor e a confusão de que "há algo errado, mas não sei o que é" podem ser evitadas quando você sabe o que são os sistemas, e então toma providências para fazer com que eles trabalhem em níveis mais altos e mais efetivos. Lembre-se, este é um curso de AÇÃO, mas é também um *processo*. A prática não leva à perfeição; *a prática leva ao progresso*. A palavra *progresso* vem do latim *progredi*, que significa "dar um passo à frente". A vida não se resume em sermos perfeitos; é necessário termos a coragem de seguir em frente, um passo de cada vez.

Antes de começarmos, quero que você faça uma coisa para mim, neste exato momento. Respire fundo. Agora, respire novamente. Enquanto estiver lendo estas palavras, procure ter consciência de seus batimentos cardíacos. Sente-se tranquilamente por um momento. Sente seu coração bater?

Ponha seu dedo perto da garganta, onde é possível sentir uma forte pulsação, simplesmente sinta as batidas de seu coração dentro de seu corpo. Respire. Agora...

Quando foi a última vez que você pensou em seus batimentos cardíacos? Falando sério. Quando foi a última vez que você pensou nisso? Aposto que você quase *nunca* pensou nisso, a menos que tenha tido um ataque cardíaco ou algum tipo de dor no peito.

Quando foi a última vez que pensou no fato de que você digere alimentos? *Alguma vez* você já pensou nisso? Todos os dias, três vezes ao dia (ou mais), colocamos vários alimentos na boca; mas o que acontece depois que eles estão lá dentro?

Nós vivemos, respiramos, comemos, caminhamos, trabalhamos, jogamos, corremos e fazemos qualquer coisa que quisermos... e nunca pensamos nesses incríveis sistemas que estão bem aqui em nosso corpo surpreendente, nesse templo singular.

PARE DE IGNORAR SEUS SISTEMAS

Em vez de tratar com carinho esse maravilhoso dom de nosso corpo, muitos de nós o ignoram, abusam dele ou se recriminam por causa dele. "*Sou muito gordo. Não consigo perder dez quilos. Eu gostaria de ter mais cabelos na cabeça e não em todos os outros lugares. Gostaria de ter uma aparência dez anos mais jovem.*"

Maltratamos constantemente esse milagroso templo corporal que temos. Quero que você compreenda que existem sistemas funcionando em nossos corpos que jamais sequer imaginamos. Na verdade, nós os desrespeitamos totalmente.

Da próxima vez que for comer, tente se forçar a digerir seu alimento. Se você tivesse de ficar sentado ali, fazendo seu corpo digerir o alimento, acabaria morrendo de fome! Tente fazer seu coração bater. Você não consegue; os batimentos simplesmente acontecem.

Esses sistemas estão funcionando sozinhos, independentemente de você ter ou não consciência deles. A mesma coisa acontece com nossa vida pessoal e com nossa vida profissional. Os cinco sistemas de apoio essenciais operam independentemente de gostarmos deles, de ignorarmos ou abusarmos deles. (É claro que isso também acontece com nosso adorável planeta. Somente agora estamos começando a perceber quantos danos já infligimos aos preciosos e surpreendentemente frágeis sistemas da Terra. É por isso que devemos agir rápido se quisermos que eles continuem a funcionar apropriadamente e suportem uma vida que seja adequada a todos nós.)

Os Três Por Cento tendem a ter sistemas que funcionam maravilhosamente bem em suas vidas pessoais e profissionais. Mas aqui está uma coisa enlouquecedora: eles normalmente não sabem o que fizeram! Apesar disso, os sistemas deles estão funcionando em níveis ideais ou próximos do ideal. A partir do momento em que aprender o que são os sistemas e como fazê-los funcionar adequadamente, você também terá condições de fazer o que eles fazem.

Você pode estar pensando que nada está funcionando em sua vida neste momento. Mas, ao verificarmos os cinco sistemas essenciais, você pode ficar agradavelmente surpreso ao ver que muito mais está dando *certo* em sua vida do que *errado*. Então, você poderá simplesmente executar as

AÇÕES sugeridas aqui para solucionar o que está errado e reforçar o que está certo.

SEU SISTEMA DE PESSOAS

Começamos com o **sistema de pessoas**. Por que o sistema de pessoas é o sistema de apoio mais essencial? Porque se ele não estiver operando apropriadamente, nada mais importa. Você simplesmente não alcançará o sucesso que condiz com seu potencial sem que seu sistema de pessoas funcione em um nível ideal.

Por quê? Bem, existem muitos motivos, mas o motivo principal é: *porque as pessoas são as detentoras do dinheiro*. Se estiver tentando formar uma carreira ou iniciar um negócio, e se as pessoas não estiverem comprando o que você está oferecendo, não estou exatamente certo de como você vai ganhar dinheiro. Pelo que sabemos, golfinhos, macacos e gorilas não usam cartões de crédito. (E meu nome quer dizer Noé em inglês, portanto devo entender dessas coisas.)

As cédulas de vinte NÃO costumam sair por aí pelas ruas, bater à sua porta e dizer: "Ei, posso entrar?" Se elas fazem isso onde você mora, quero viver lá!

No planeta Terra, o dinheiro está junto dessas coisas estranhas chamadas "seres humanos" — e precisamos fazer aquela coisa desagradável chamada "trabalho" para que o dinheiro seja transferido das carteiras deles para a sua. Portanto, se quiser ter mais dinheiro, é melhor instalar seu sistema de pessoas.

AS CINCO AÇÕES DO SEU SISTEMA DE PESSOAS

Existem cinco AÇÕES que você deve executar para instalar apropriadamente seu Sistema de Pessoas. As cinco ações de seu Sistema de Pessoas são:

1. Reconhecer

2. Pedir

3. Aceitar

4. Responsabilizar

5. Aformar

A primeira ação do sistema de pessoas = reconhecer

A primeira ação de seu sistema de pessoas é **reconhecer**. Por que esta é a primeira ação? Porque os seres humanos (você sabe, aquelas coisas estranhas com todo o dinheiro) estão com inanição de atenção, apreciação, reconhecimento e gratidão. Pesquisas demonstraram que as pessoas fazem mais por gratidão do que por dinheiro. Para quem você preferiria trabalhar: alguém que lhe paga 1 milhão de dólares por ano, mas o avilta, embaraça e humilha; ou alguém que lhe paga 100 dólares por ano, mas o elogia, demonstra sua gratidão e aprecia você?

Claro, você poderia trabalhar para o primeiro chefe durante algum tempo, mas olharia para seu envelope de pagamento todos os meses e perguntaria a si mesmo: "Será que está realmente valendo a pena?" Nós, humanos, somos criaturas estranhas. Pensamos que queremos dinheiro (e queremos), mas muitas pessoas ficam presas por "algemas de ouro" e acabam estagnadas em funções financeiramente gratificantes, porém com baixo nível de realização profissional.

Existem dezenas de maneiras de reconhecer as pessoas em sua vida, no trabalho e em casa. No entanto, tudo se resume em sua vontade de aceitar. Isso porque cada um de nós está usando um aviso invisível que diz: "Por favor, faça com que eu me sinta importante." O problema é que você também tem esse aviso! É por isso que todos estão esperando que *alguém* os faça importantes *primeiro*, antes de estarem dispostos a fazer isso pelas outras pessoas.

Se você puder ser aquela pessoa em um milhão (e esse número é bastante preciso) que reconhece outras pessoas primeiro, estará a caminho de instalar seu sistema de pessoas de maneira ideal.

A segunda ação do sistema de pessoas = pedir

Imagine que você e eu estamos em uma sala grande com centenas de outros alunos de *O código secreto do sucesso*, todos reunidos para estudar esses princípios. É claro que isso é exatamente o que acontece em nossos seminários, então não é tão difícil imaginar!

Você acharia difícil pedir apoio às pessoas nessa sala? Você se sentiria envergonhado, tímido ou hesitante em pedir às pessoas o apoio de que precisa?

Quando pergunto aos participantes de meus seminários se sentem dificuldade em pedir o apoio de que necessitam *mesmo de pessoas que já conhecem*, mais de 70% dizem sim. Por que temos tanto receio de perguntar? A coisa toda se resume em...

UMA PALAVRA DE QUATRO LETRAS QUE COMEÇA COM "M"

Essa palavra, naturalmente, é *medo*.

O que causa o medo de pedir? Na verdade, é o *medo da rejeição*. É o medo de que a outra pessoa possa dizer não; é o medo de que alguém possa rir ou zombar de nós. Esses medos podem ter sua origem na época em que nos disseram: "Cale a boca, vá embora e não me incomode." Talvez não com tantas palavras, mas nós já entendemos.

Muitos de nós temos essa experiência desagradável em que, essencialmente, recebemos uma ordem para ir embora. Guardamos isso como adultos e continuamos a acreditar que a vida é assim mesmo. Eu o convido a notar que todas as pessoas bem-sucedidas não têm problema em perguntar. Você já ouviu dizer que os melhores vendedores vivem perguntando para vender. Não que eles assediem as pessoas; eles simplesmente vivem perguntando.

Existe uma enorme diferença entre assediar e perguntar. Você poderia dizer: "Não quero ser rude, não quero incomodar as pessoas." E tem razão, você não deve ser rude ou incomodar as pessoas. Mas e se você estiver apresentando uma oportunidade que realmente beneficiaria a outra pessoa? Se estiver agregando valor a outros, você não acha que deve a eles, e a si mesmo, pelo menos perguntar se estão interessados?

Há alguns anos, uma amiga que participou de um de meus seminários me contou que a empresa onde trabalhava realmente precisava de minha ajuda. Ela me passou o nome de uma pessoa para quem eu deveria telefonar no escritório central da empresa, que chefiava os serviços de convenções. Quando disse a essa pessoa o que minha amiga havia me

Passo 3: Sistemas de apoio   155

contado, ela respondeu: "Não, obrigada. Estamos bem preparados." E desligou.

Foi estranho. Talvez eu a tivesse abordado em um dia ruim.

Assim, liguei novamente um ou dois meses depois, só para confirmar. "Não, obrigada." Mesma resposta.

Na verdade, isso aconteceu mais algumas vezes, até cair a ficha. Liguei para minha amiga e perguntei: "Tem certeza de que estou falando com a pessoa certa?" Ela me deu outro nome, dessa vez uma vice-presidente que supervisionava as convenções regionais da empresa. Liguei totalmente preparado para ser recusado novamente. A vice-presidente me perguntou o que eu fazia. Respondi que mostro às pessoas como se livrar de seu lixo mental. Ela me perguntou como meu sistema funcionava. Contei a ela sobre os resultados que as pessoas estavam alcançando em questão de semanas, até mesmo dias.

Ela disse: "Parece ser muito bom. Vou pedir para que alguém entre em contato com o senhor." *Até parece*, pensei.

No dia seguinte, fui trabalhar e havia um recado: "Sr. Noah, aqui é fulana de tal. Falei com nossa vice-presidente e gostaríamos que o senhor fizesse uma palestra em um cruzeiro no México para 2 mil membros de nossa equipe de vendas. Nós lhe enviaremos passagens de primeira classe a Los Angeles e o senhor precisará falar por cerca de duas horas. Vai poder descansar pelo restante do cruzeiro de quatro dias. Ah, e já reservamos para o senhor um camarote master do navio e cobriremos todas as suas despesas."

Tudo bem então.

O lugar aonde quero chegar é: se tivesse desistido no primeiro "não", eu não teria voado de primeira classe e ficado em um camarote master em um cruzeiro para o México, e recebendo para fazer o que gosto. No entanto, parei de continuar perguntando para a pessoa errada quando não estava conseguindo o resultado desejado.

Muitos professores falam sobre o quanto é importante continuar perguntando e ser persistente. Mas o ponto que eles deixam de ressaltar é que *a persistência é um comportamento*. Conforme aprendemos em um capítulo anterior, o comportamento não pode ser criado no nível do próprio comportamento. Portanto, para criar o comportamento da persistência, você precisa encontrar os motivos mais profundos por que você faz algo. Para ganhar a coragem de perguntar, você deve entender o valor que traz às outras pessoas.

Um dos motivos pelos quais nossa empresa cresceu tão rapidamente é que somos muito claros sobre o valor que trazemos às pessoas. Pessoas que querem esse valor nos procuram — e também nos recomendam aos seus amigos. Aqui está o que fazemos na SuccessClinic.com:

"Ensinamos às pessoas como tirar o pé do freio em suas vidas pessoais e profissionais e em seus relacionamentos — e mostramos a elas os passos para duplicar seus rendimentos em noventa dias, enquanto trabalham *menos*."

Se você quiser isso, venha até nós. Se não quiser, não nos procure.

Agora, uma coisa é sair por aí fazendo afirmações como essa. Outra, completamente diferente, é provar. Temos provas incontestáveis de que nosso sistema funciona. Não só muitas pessoas famosas endossam nosso sistema, como também pessoas comuns, como você e eu, contam suas histórias pessoais de como duplicaram, triplicaram e até mesmo *quintuplicaram* seus rendimentos em menos de 180 dias por causa do que aprenderam conosco.

Você também pode fazer isso. Apresente seu valor às outras pessoas. Pergunte se estão interessadas, e se disserem não... e daí? Sua situação não ficou pior do que já estava antes de você perguntar. Você ainda não tinha o que queria, certo? Assim, não perdeu nada, perdeu?

E continue apresentando seu valor às outras pessoas, e um dia, quem sabe... a pessoa certa dirá sim.

A terceira ação do sistema de pessoas = aceitar

A terceira ação em seu sistema de pessoas é **aceitar.** Esse é um conceito muito sutil, mas muito poderoso. Quando comecei a ensinar este sistema há dez anos, eu estava ensinando às pessoas como reconhecer e pedir, mas sentia que faltava alguma coisa, porque todos ficavam estagnados nesse nível. Finalmente, percebi o que estava errado.

Vi que elas estavam perdendo esse conceito sutil, porém poderoso, que é *aceitar o apoio de outras pessoas.* Pode parecer estranho, mas muita gente não consegue aceitar o apoio que está bem diante de seus olhos. Ironicamente, aceitar apoio é, na verdade, um nível mais alto do que pedir apoio — e vou provar a você.

Pense naquela época em que, no dia do seu aniversário, ou em alguma data festiva, você recebia presentes. Alguma vez você recebeu um presente que fosse melhor do que qualquer coisa que havia pedido? Algo melhor do que qualquer coisa que você tenha ousado pedir? Quando faço essa pergunta em meus seminários, quase todas as pessoas levantam as mãos, porque isso aconteceu com quase todos nós, pelo menos uma vez.

É por isso que aceitar o apoio está, realmente, em um nível mais alto que pedir por esse apoio. Você pode pedir alguma coisa e, mesmo assim, não se permitir aceitar. Por outro lado, você pode não pedir alguma coisa e consegui-la de qualquer jeito! No entanto, muita gente tem dificuldade em aceitar apoio, amor e incentivo de outras pessoas.

Você pode estar, sem saber, afastando o apoio. É claro que não quer fazer isso, mas essa é uma das funções de sua reflexão negativa, que lhe diz que você não merece receber qualquer tipo de apoio. Então por que se importar?

Algumas vezes, você simplesmente precisa respirar para permitir que outras pessoas o apoiem. Não existe qualquer grande segredo em aceitar apoio, mas compreenda que esse pode ser um grande bloqueio oculto para você. Escreva sobre isso em seu *diário do código secreto do sucesso*, e pare de afastar o apoio das pessoas.

A quarta ação do sistema de pessoas = responsabilizar

Alguma vez você já notou que fazemos mais pelas outras pessoas do que por nós mesmos?

Consulte **www.SecretCodeBook.com** e veja o clipe "O Rastejo da Morte" (The Death Crawl) do filme *Desafiando gigantes*. O que é tão poderoso nesse clipe é que o personagem Brock não teria conseguido engatinhar sozinho. Ele não queria decepcionar seu técnico nem os outros jogadores, e assim atravessou toda a extensão do campo de futebol com um homem em suas costas. Se estivesse sozinho, você realmente acha que Brock teria se esforçado tanto?

É por isso que, quando se responsabiliza por outra pessoa, em pouco tempo você fica agradavelmente surpreso ao ver que pode fazer muito mais do que imaginava que pudesse.

Em programas tradicionais de autoajuda, nos disseram: *"Pense em todo o dinheiro que você vai ganhar! Pense no carro novo! Pense em como você ficará rico!"* , e daí por diante.

Já nos disseram para visualizar as coisas que teremos quando atingirmos o sucesso, e disseram que isso nos motivaria a agir. Então por que não funcionou para a maioria de nós?

Pensamos que queremos coisas. Mas, na realidade, queremos EXPERIÊNCIAS.

Não é uma Ferrari que queremos; queremos a *sensação de distinção e importância* que achamos que uma Ferrari vai nos dar. Não é uma mansão ou um iate: é a *sensação de sermos ricos*.

Claro, todos nós queremos coisas mais bonitas, como carros, casas e nossa própria ilha particular no Caribe. Mas depois de trabalhar com milhares de pessoas em meus seminários e de entrevistar diversos multimilionários bem-sucedidos, descobri, ironicamente, que as duas experiências essenciais que nós, seres humanos, queremos são *importância* e *contribuição*.

Queremos *sentir que somos importantes* diante das outras pessoas e queremos *a sensação de que fizemos a diferença*. Claro, queremos 1 bilhão de dólares, e não há nada de errado em ter muito dinheiro. Mas cada um de meus amigos multimilionários me disse, sem exceção, que depois dos carros, das férias e dos jatinhos particulares, continuaram se perguntando: *"Não há mais nada? Que importância eu tenho? Será que realmente fiz a diferença nesta Terra?"*

Portanto, em vez de esperar até ser bem-sucedido, comece a fazer essas perguntas agora — quando o dinheiro começar a surgir em abundância, você já terá chegado lá.

A quinta ação do sistema de pessoas = aformar

Você se lembra de que eu lhe ensinei sobre Aformações — as perguntas animadoras que mudam sua vida? Bem, é aqui que você pode começar a usá-las para criar a vida que realmente quer.

Nos ensinaram a afirmar o que queremos através de afirmações; mas como já lhe mostrei no Passo 1, muitos de nós não acreditam nas coisas positivas que dizemos. Com as Aformações, você pode simplesmente usar sua mente para manifestar as coisas que quer, duas vezes mais rápido e com metade do esforço.

Uma de minhas alunas havia investido muito tempo, dinheiro e energia em todo programa de redução de peso que existe, mas não conseguia perder o peso que queria. Depois que me ouviu ensinando as Aformações, ela percebeu que estava se fazendo, inconscientemente, perguntas desanimadoras, como: *"Por que não consigo perder peso? Por que sou tão gorda? Por que esses programas não dão certo comigo?"* Você consegue adivinhar por que ela não estava tendo sucesso no que queria?

Depois de aprender como criar Aformações animadoras, ela começou a se perguntar: *"Por que perco peso tão facilmente?"* Começou a usar os quatro passos do método das Aformações, que lhe mostrei no Passo 1. Ela não se limitou a fazer a pergunta, mas se entregou de corpo e alma e resolveu agir.

Depois de cerca de sessenta dias, percebeu que não só estava se sentindo melhor como suas roupas caíam bem em seu corpo. Subiu em uma balança e viu que havia perdido 10 quilos! Mas aqui está um dado surpreendente: *ela não acreditou.*

Como realmente não havia se exercitado, feito dieta ou se estressado sobre isso, ela não conseguia ver como havia

Passo 3: Sistemas de apoio   161

perdido tantos quilos, quase sem qualquer esforço. Assim, foi se pesar na balança da casa de sua mãe. A balança mostrou a mesma coisa: ela havia perdido 10 quilos. *Bem*, ela pensou, *esta balança também deve estar quebrada.*

Finalmente, marcou uma consulta com sua médica e subiu na balança no consultório, porque aquela balança deveria estar funcionando. A balança da médica confirmou aquilo em que ela ainda não havia acreditado: havia perdido 10 quilos em sessenta dias sem estresse ou dieta.

O que acho surpreendente nessa história não é nem mesmo o fato de ela ter perdido todo esse peso. A parte surpreendente é que ela não acreditou em seus próprios resultados, porque eles vieram "muito facilmente". O que você acha desse tipo de manifestação?

Moral da história? Não afirme — Aforme pelo que você realmente quer e, então, prepare-se para desfrutar da nova vida!

EXERCÍCIO: COMO IMPLEMENTAR OS CINCO ITENS DE SEU SISTEMA DE PESSOAS

1. Quem preciso **reconhecer** por sua contribuição à minha vida?

2. Que AÇÕES posso executar para reconhecê-los hoje?

3. Que AÇÕES posso executar para reconhecê-los de forma constante?

4. Supondo que eu não tenha medo da resposta, a quem devo **pedir** apoio?

5. O que posso fazer para **aceitar** o apoio de pessoas que querem que eu alcance o sucesso?

6. Quem deve se responsabilizar pelo meu sucesso?

7. O que acontecerá se eu não tiver ninguém para ser responsável pelo meu sucesso?

8. Quais são as dez principais **Aformações** que posso usar para implementar meu sistema de pessoas?

SEU SISTEMA DE ATIVIDADES

O próximo sistema de apoio é seu **sistema de atividades**. Ele se refere à forma com que você passa as horas e os dias de sua vida. Sei que pode parecer simples, mas nós vivemos em dias. Não em semanas, não em meses, não em anos; mas em dias. Se acha que sua vida está fora de controle, se tem "muita coisa para fazer e muito pouco tempo", existem duas perguntas simples que podem transformar seus dias e aumentar sua produtividade pessoal.

EXERCÍCIO: AS DUAS PERGUNTAS
QUE PODEM AUMENTAR SUA PRODUTIVIDADE

Coluna A	Coluna B
O que eu adoraria fazer *mais*?	O que eu adoraria fazer *menos*?
(Atividades que *enchem* meu tanque)	(Atividades que *esvaziam* meu tanque)

Coluna A   Coluna B

Na coluna A, escreva suas respostas para: "O que eu adoraria fazer mais?" Essa é uma lista de atividades que enchem seu tanque. Na coluna B, responda: "O que eu adoraria fazer menos?" Essas são as atividades que esvaziam seu tanque.

Por sinal, você notou que *encher seu tanque* e *esvaziar seu tanque* são clichês de programas de autoajuda? Você não pensou que eu fosse perder essa oportunidade, pensou? A esta altura, você já deveria saber que estou aqui para detonar clichês tradicionais desses programas de sucesso. Já ouvimos essas frases um milhão de vezes; mas o que realmente significa *encher seu tanque* e *esvaziar seu tanque*?

SEUS TRÊS RECURSOS HUMANOS

Existem três recursos que nós como seres humanos podemos usar. Eles são: tempo, energia e dinheiro. Isso é tudo que temos na Terra. De nossos três recursos humanos, qual você acha que é o mais valioso?

Algumas pessoas dizem que é a energia, porque todas as coisas são energia. Seu corpo, seu computador, sua xícara de café; qualquer coisa em que você e eu podemos tocar no universo é energia. Todas as coisas são feitas de moléculas, as moléculas são feitas de átomos e os átomos são energia. Aprendemos nos tempos de escola que a energia é infinita. Ela não pode ser nem criada nem destruída; simplesmente *é*. Como a energia é infinita, não pode ser o bem mais valioso.

Que tal o dinheiro? O dinheiro é apenas uma forma de energia. A maneira com que ele funciona é: você tem um pouco e todas as outras pessoas têm o restante! Como o dinheiro é apenas uma forma de energia, ele é também, para todos os efeitos, infinito. Portanto, o dinheiro também não pode ser o bem mais valioso.

O motivo pelo qual o tempo é o bem humano mais valioso *é porque é o único recurso que jamais pode ser reposto.*

Nem todos os bilhões de Bill Gates podem comprar um minuto de ontem.

Portanto, quando falamos sobre como *encher seu tanque*, estamos falando sobre atividades que lhe dão mais de seus recursos de tempo, energia e dinheiro. E quando você *esvazia seu tanque*, falamos das atividades que *afastam* um ou mais de seus três recursos humanos.

Você pode estar pensando: "Mas Noah, você acabou de dizer que não posso conseguir mais tempo. Então como é que encher meu tanque significa que consigo mais tempo?" Boa pergunta. O fato é que não dá para conseguir mais tempo. Mas podemos criar mais *tempo produtivo* ou mais *tempo improdutivo*. *Tempo produtivo* significa exercer atividades que o levam na direção do que você quer. *Tempo improdutivo* significa que você está exercendo atividades que não o levam para onde quer ou, na verdade, o afastam do que você quer.

Por exemplo, você poderia dizer que quer perder peso, mas passa todo seu tempo sentado no sofá comendo batatinhas fritas e assistindo TV. Você não está usando seus recursos muito produtivamente, está? Não somos imutáveis porque todas as coisas deterioram aqui na Terra; tudo se deteriora devido à lei da física conhecida como *entropia*.

É por isso que você está se movendo na direção de alguma coisa que quer, ou não está — pode ser algo produtivo ou improdutivo. NÃO significa que você precise ficar trabalhando o tempo todo. O tempo produtivo também inclui aproveitar *zonas livres de metas*, sobre as quais falaremos no Passo 4.

Por enquanto, quero que você preencha as duas colunas que mostrei anteriormente. Muitas vezes, em meus seminários, quando as pessoas completam este passo, ficam atônitas ao ver quanto tempo estão gastando em atividades que esvaziam seu tanque. Puxa, será que é por isso que elas se sentem fracassadas?

Depois de preencher essas colunas, responda às seguintes perguntas:

EXERCÍCIO: COMO IMPLEMENTAR SEU SISTEMA DE ATIVIDADES

1. Que motivos (desculpas) tenho dado por não exercer as atividades da coluna A?

2. Quando esses motivos (desculpas) não são válidos?

3. Que atividades da coluna B posso EXECUTAR (basta terminá-las)?

4. Que atividades da coluna B posso APAGAR (basta eliminá-las)?

5. Que atividades da coluna B posso DELEGAR (deixe que outra pessoa cuide delas) e para quem?

6. Que AÇÕES devo empreender para usar mais produtivamente meu tempo, minha energia e meu dinheiro — para que eu possa fazer mais o que enche meu tanque e menos o que o esvazia?

7. Ações diárias:

8. Ações semanais:

9. Quem será responsável pelo meu relato das atividades?

A coluna A inclui atividades que você adoraria fazer mais, atividades que enchem seu tanque. Muitos de nós estamos dizendo: "Não consigo, não consigo." Então me diga: por que você não consegue? Os motivos sempre se resumem a: "Não tenho tempo, dinheiro ou energia." É interessante como a coisa sempre termina na maneira como usamos nossos três recursos humanos...

Veja a segunda pergunta — Quando esses motivos (desculpas) não são válidos? Note que insisto em usar a palavra *desculpas*. Quando esses motivos ou essas desculpas deixam de ter validade? "Não tenho tempo." Você tem tempo. Pense nisso. Ninguém tem mais tempo ou menos tempo que você. Todo mundo tem as mesmas 24 horas em um dia, e nem mesmo Bill Gates conseguiu imaginar como reduzir a rotação da Terra (mas ouvi dizer que ele está trabalhando nisso).

Da próxima vez que se ouvir dizendo "Não tenho tempo", quero que você perceba que acabou de dizer uma mentira.

É uma mentira você dizer que não tem tempo. Se disser "Estou optando por não fazer isso" ou "Isso não é uma prioridade para mim agora", aí você estará falando a verdade.

Conscientemente ou não, estará fazendo uma escolha. Sua escolha pode ser válida ou pode ter sido causada por sua reflexão negativa. Você precisa descobrir qual das duas alternativas é a verdadeira.

Por exemplo, vamos considerar a desculpa: "Não tenho dinheiro." Na realidade, a verdade é que você tem o dinheiro, mas está *optando por empregá-lo em coisas diferentes neste momento*. Por exemplo, você sabia que poderia ter um Rolls Royce exatamente agora? Deixe-me mostrar como.

COMO TER UM ROLLS ROYCE

Digamos que você tenha sua casa e pague uma hipoteca mensal. A prestação mensal de um Rolls Royce poderia ser mais ou menos do mesmo valor do pagamento de sua hipoteca. Isso significa que, na verdade, você tem o dinheiro para comprar um Rolls Royce. O problema é que, naturalmente, se você escolher o carro, talvez não tenha condições de efetuar também os pagamentos de sua casa. Aí você teria de morar em seu Rolls Royce. Provavelmente não é a melhor escolha!

A questão é: você está alocando o dinheiro neste momento para as coisas que determinou como prioritárias, como alimentos, vestuário e moradia. Assim, embora muita gente não acredite em mim quando digo isso, você tem o dinheiro para a maioria das coisas em sua lista.

AS 3 MANEIRAS DE AUMENTAR
A PRODUTIVIDADE

Nas perguntas 3, 4 e 5, vimos que existem três coisas que você pode fazer com as atividades na coluna B: pode *executá-las, apagá-las* ou *delegá-las. O que posso executar? O que posso apagar? E o que posso delegar?*

Essas são as três alternativas — **executar, apagar** ou **delegar** — do que podemos fazer com qualquer coisa que surja em nossas vidas. Na pergunta 3 — "Que atividades da coluna B posso executar? (basta terminá-las)"—, as atividades são aquelas que você quer fazer menos e se afastar. "*Já estou cansado de pensar nisso. Não quero fazer isso, mas preciso terminar, de qualquer jeito.*" Poderiam ser lançamentos contábeis, a redação de um comunicado dirigido a várias pessoas ou quaisquer outras atividades tediosas para você. Como engolir seu remédio ou ir ao dentista, às vezes é melhor acabar logo com elas.

A pergunta 4 é: "Que atividades da coluna B posso apagar? (basta eliminá-las)" "*Não quero nem saber de fazer isso. Não vai acontecer. Esqueça. Quero tirar isso da minha frente.*" São as coisas que você quer apagar da sua lista.

Agora, veja a pergunta 5: "Que atividades da coluna B posso delegar e para quem?" *Esta é a chave para o máximo sucesso com o mínimo esforço.* Os Três Por Cento dominam a aptidão vital da delegação.

Se quiser realmente aumentar sua produtividade, a forma mais eficiente para conseguir isso é delegar. Por quê? Porque é aí que você começa a multiplicar sua efetividade e a alavancar sua vida. Isso é que as pessoas felizes e ricas fazem. Elas alavancam suas vidas pela delegação.

Você acha que Donald Trump sai por aí construindo todos aqueles edifícios enormes? Hum, não. Ele anda por aí dizendo às pessoas:"Faça isso, isso e isso", com seu esquisito sotaque de Nova York. É um mestre na arte da delegação. Porém, não estou dizendo que devamos ser como Donald Trump; talvez, no seu caso, você precise delegar a lavagem das roupas a alguém.

Descobri que delegar é o passo mais difícil para a maioria dos empresários, ou porque eles dizem "Não tenho ninguém a quem delegar" ou porque realmente não confiam em ninguém para fazer as coisas "tão bem quanto eles fazem". Se você pensa assim, acabou de comprar sua passagem no Expresso da Dificuldade.

Na pergunta 6, escreva quais AÇÕES você pode empreender para usar mais produtivamente seus três recursos humanos. Relacione as ações diárias e semanais que pode executar para usar melhor seu tempo, seu dinheiro e sua energia. Por que você precisa fazer essa lista? Para poder fazer mais do que quer e menos do que não quer fazer! A pergunta final para instalar seu sistema de atividades é: *"Quem será responsável pelo meu relato das atividades?"* Você pode responsabilizar todo o seu grupo ou apenas uma pessoa. Pode dizer: "É isso o que vou fazer. Vou executar, apagar e delegar em níveis mais altos. Se você me pegar não fazendo isso, pode me cobrar." Dê permissão às pessoas para cobrarem isso de você.

Isso é chamado de *pressão positiva dos colegas* — dizer a todas as pessoas que você vai fazer algo positivo. Se você deixar de cumprir o que prometeu, todos verão isso e você ficará em maus lençóis. Como ninguém quer ficar em má situação (esse é um grande motivo por que não fazer alguma coisa), você vai agir.

Ironicamente, com níveis mais altos de responsabilidade, na verdade, você fará menos e terá mais. Lembre-se, a meta é o máximo de riqueza com o mínimo esforço. Não sei o que você acha, mas, para mim, isso parece muito bom.

FINALMENTE, A FERRAMENTA CERTA

Durante os últimos quarenta anos, temos sido inundados com ferramentas de gestão de tempo dos mais variados tipos. Desde Post-its até Palm Pilots, o mercado está inundado com ferramentas e *gadgets* que vêm tentando nos ajudar a aumentar nossa produção.

No entanto, o problema com as ferramentas tradicionais de gestão do tempo é este: elas não nos deixaram mais produtivos e, certamente, não tornaram nossas vidas mais fáceis. Pense nisso: você está trabalhando MENOS do que estava há cinco anos ou mais? Está passando MENOS tempo redigindo e-mails, respondendo a mensagens e tentando encontrar informações? Está achando MAIS FÁCIL administrar todas as informações que chegam até você, ou está trabalhando mais do que nunca só para fazer a mesma coisa?

A resposta, para a maioria de nós, é: *Está falando sério?*

Foi por isso que inventamos o **pacote do poder da liberdade**: uma revolução na gestão do tempo e na produtividade, porque ele não apenas olha sua vida através dos cinco sistemas essenciais de apoio, como também os coloca no contexto dentro dos quatro principais itens de sua vida:

1. A FUNÇÃO em que você está trabalhando.

2. O RESULTADO que você deseja alcançar.

3. OS RECURSOS de que precisará para realizá-los.

4. Os RELACIONAMENTOS necessários para obter quaisquer recursos que você não tenha.

Isso inclui também O QUE precisamos fazer, POR QUE precisamos fazer, e COMO vamos dar conta do recado. O pacote do poder da liberdade rastreia todos os fatores envolvidos e ajuda a identificar quando eles estão no curso certo e quando estão fora do curso, e por que e como voltar aos trilhos.

SEU SISTEMA AMBIENTAL

Seu terceiro sistema de apoio é o **sistema ambiental**. Você vive em dois ambientes — seu **ambiente externo** e seu **ambiente interno**. Seu *ambiente externo* consiste em seu *ambiente do lar* e em seu *ambiente do trabalho*; enquanto que seu *ambiente interno* consiste em seu *ambiente emocional* e em seu *ambiente espiritual*.

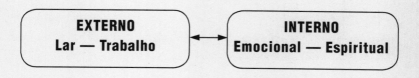

SUA QUALIDADE DE VIDA

Seu ambiente externo é o ambiente físico que você pode ver e tocar. Você não pode ver seu ambiente interno diretamente; só pode ver seus efeitos. Lembre-se, as duas únicas coisas que determinam sua qualidade de vida são a qualidade de sua comunicação com o mundo *fora de si mesmo* e a qualidade de sua comunicação com o mundo *dentro de si mesmo*.

Vivemos em dois mundos. Experimentamos nosso ambiente externo, mas quem é que o experimenta? Você. Você experimenta o ambiente externo através do ambiente interno com suas emoções, seu espírito, sua alma e sua mente.

SAIA DE SUA ZONA FAMILIAR

Durante meus seminários, pergunto às pessoas: "Quantos de vocês sentem que a desordem é um problema em sua vida?" Cerca de 75% das mãos são levantadas. Por que temos um problema tão grande com a desordem? Embora eu possa lhe dar uma série de respostas superficiais, tudo se resume ao *medo*. O medo nos mantém em nossa zona familiar. Você já ouviu um milhão de vezes que precisa "sair de sua zona de conforto". Mas considere isto:

Digamos que você esteja dirigindo pela estrada da vida com o pé no freio. Você tem plena consciência de que está se impedindo de progredir e não gosta disso. Você não estaria lendo este livro se isso não fosse verdade.

Agora, aqui está minha pergunta para você: essa sensação é *confortável?* O sentimento de seguir pela estrada da vida com o pé no freio é confortável?

Você e eu sabemos que isso não é nada confortável. Na verdade, é decididamente DESconfortável. No entanto, é familiar. Quando olha para essa palavra, *familiar*, o que ela representa para você?

Certo — *família*. A *família* é a raiz da palavra *familiar*. Algumas pessoas em meus seminários dizem que a família é uma mentira, mas a questão é:

Você não precisa se libertar de sua zona de conforto — porque sua "zona de conforto" não existe.
Você precisa se libertar de sua zona familiar.

Você pode estar *familiarizado* com a desordem. Pode estar *familiarizado* com o fato de impedir seu próprio progresso. Na verdade, com certeza está. Mas, provavelmente, não se sente muito confortável com isso.

O propósito deste livro e de meus ensinamentos é tirá-lo da zona familiar de impedir o sucesso, e torná-lo familiarizado — e, finalmente confortável — em se permitir alcançar o sucesso com seu potencial pleno.

COMO ELIMINAR A DESORDEM

Eu sempre disse que, se algum dia resolvesse ingressar em outra atividade, seria o negócio de autoarmazenagem. Por quê? Porque as pessoas têm obsessão por comprar coisas! E quando há coisas demais na casa, as pessoas se livram delas? Não, elas arrumam outra unidade de armazenagem. Você nem ao menos consegue colocar o carro na garagem — seu pobre carro precisa ficar do lado de fora porque você tem coisas demais na garagem. Se isso lhe soa familiar, você não só está em boa companhia como também representa a grande maioria.

Por que precisamos nos livrar da desordem? O motivo essencial é que se você tiver desordem física ou emocional —

o que significa desordem interna ou externa — é muito difícil que algo melhor aconteça. Este é apenas mais um exemplo daquelas leis do universo. Eu não inventei isso, só estou relatando os fatos.

Já notou que quando dá um jeito em sua desordem, você se sente melhor? Sei que já notou isso. Depois que uma de minhas alunas acabou com a desordem de seu ambiente externo e de seu ambiente interno, ela me contou que seus negócios dobraram em apenas três semanas!

Outra cliente minha não conseguia ver o tapete em seu escritório porque tinha muita desordem. Quando eliminou a desordem, ela me contou que tirou *17 sacos grandes de lixo* de coisas inúteis de seu pequeno escritório. Adivinhe o que aconteceu? Em trinta dias, ganhou dinheiro suficiente em seu negócio para substituir o tapete que ela não conseguia ver antes.

Acabar com a desordem funciona. Basta aceitar isso — e usá-lo em seu próprio benefício.

EXERCÍCIO: COMO INSTALAR SEU SISTEMA AMBIENTAL

1. Quais são os maiores bloqueios no ambiente do meu lar?
2. Quais são os maiores bloqueios no ambiente do meu trabalho?
3. Quais são os maiores bloqueios no meu ambiente emocional?
4. Quais são os maiores bloqueios no meu ambiente espiritual?
5. Que AÇÕES posso executar esta semana para acabar com a desordem de meu ambiente externo?
6. Que AÇÕES posso executar esta semana para acabar com a desordem de meu ambiente interno?

Perguntas 1 e 2 do sistema ambiental — Quais são os maiores bloqueios nos ambientes do meu lar e do meu trabalho?

Você pode escrever dez, vinte ou mais bloqueios. Seja honesto sobre quais são seus maiores bloqueios em seu ambiente externo. Em seu ambiente do lar, pode ser uma porta barulhenta, a janela que precisa ser trocada. *"A escada é um problema. Não consigo chegar à minha garagem."* Quaisquer que sejam seus bloqueios — e você sabe quais são —, anote cada um deles.

Como é que anda o ambiente de seu trabalho? *"Não consigo encontrar meus documentos. Não tenho o software adequado. Não sei onde está meu computador. Tenho um computador velho que não funciona adequadamente."*

A desordem não significa apenas um monte de lixo. Pode significar que você precisa de ferramentas que não tem agora. Você esperaria construir uma casa bonita apenas com um martelo, uma chave de fenda e dois pregos? Você precisa de todas as ferramentas e materiais corretos para realizar o trabalho.

Se precisa de um laptop, um software, um assistente, um novo telefone ou quaisquer outras ferramentas, essas coisas podem ser alguns de seus maiores bloqueios. Escreva o que está faltando, o que você sabe que precisa.

Seu lixo mental vai dizer: "Eu não tenho dinheiro!" Qual é a novidade? Escreva assim mesmo.

Perguntas 3 e 4 do sistema ambiental — Quais são os maiores bloqueios em meus ambientes emocional e espiritual?

Os dois maiores fragmentos de desordem emocional são o **medo** e o **ressentimento**. O *medo* refere-se ao futuro; o *ressentimento,* ao passado.

Muita gente diz que temos um pé no passado e um pé no futuro, e que sabemos o que estamos fazendo em nosso presente. Quais são seus maiores bloqueios em seu ambiente emocional?

Então, quais são os maiores bloqueios em seu ambiente espiritual? Para a maioria das pessoas, o maior bloqueio espiritual é: *não acreditam que milagres possam acontecer para elas*. São pessoas que perderam sua conexão com Deus ou com algo maior do que elas. Essas pessoas pensam: "Deus me abandonou porque perdi muito. Fiz muitas coisas idiotas. Deus se esqueceu de mim."

Só porque você perdeu alguma coisa — e pode ter sido algo ou alguém que era muito, muito especial para você —, isso não significa que Deus não o ame. Nós, humanos, temos ganhos e perdas; mas para Deus, é simplesmente o que é. Deus não pode perder nada, e Deus não pode ganhar nada. Como poderia o Criador deste universo ganhar ou perder alguma coisa?

Acontece que gostamos mais de ganhar. Quando as coisas vão bem, dizemos: "Muito obrigado, meu Deus!" Quando perdemos coisas, dizemos: "Deus, por que o Senhor fez isso comigo?"

Deus é amor incondicional completo e perfeito, independentemente do que nós experimentamos. Achamos que nossas experiências determinam o amor de Deus, mas não é assim que Ele vê as coisas. É muito difícil para nós entendermos como Deus ama, porque Deus é amor incondicional perfeito — com "A" maiúsculo. Nós só podemos amar com um amor condicional — com "a" minúsculo.

Tanto faz se você é bonito, meigo e maravilhoso; você ama condicionalmente. Cada um de nós tem condições para nosso amor, mas Deus não tem. Você pode avaliar como esse pode ser um enorme bloqueio em seu ambiente espiritual?

É por isso que quero que comece a acreditar que milagres também podem acontecer com você — não apenas com outras pessoas. Quero que perceba que os milagres não só podem ocorrer para você, mas o fato é que *você é um milagre*.

Veja o universo. Veja os outros planetas, o sistema solar. Onde mais você vê vida inteligente, além da vida humana?

Este planeta tem tudo. É por isso que precisamos nos esforçar agora mesmo para protegê-lo. Você sabe que o simples fato de existir vida já é um milagre? Se pudéssemos manter esse sentido de reverência conosco o tempo todo, experimentaríamos e nos lembraríamos do milagre que é a vida.

Muito bem, você já identificou os bloqueios em seu ambiente interno e em seu ambiente externo. Agora, vamos falar sobre as ações apropriadas para acabar com a desordem.

Perguntas 5 e 6 do sistema ambiental — Que AÇÕES posso executar para eliminar a desordem de meus ambientes interno e externo esta semana?

Muitas pessoas me perguntam: "Noah, com que ambiente devo começar — com o interno ou com o externo?" Sempre respondo a elas: "Comecem com o externo." Sei que isso parece ser contraintuitivo, porque você diz: "Mas quero me sentir melhor por dentro!" Não se preocupe, você se sentirá.

Seu ambiente externo inclui as coisas que você pode ver e tocar. Caso não tenha notado, seu ambiente externo afeta em muito seu bem-estar emocional e espiritual.

Você não consegue achar seus documentos, vive tropeçando em coisas. É uma bagunça. Está em meio à desordem.

Isso não é frustrante? Exatamente. Bem, ficar frustrado é um *sentimento*, e os sentimentos são causados por alguma coisa. Portanto, quando remove a *causa* externa do sentimento, você passa a se *sentir melhor*.

Assim, dê um jeito em seu armário, verifique seus arquivos, limpe sua mesa e esvazie sua caixa de entrada. Jogue coisas fora. Na verdade, você não precisa daqueles extratos bancários de vinte anos atrás.

Meu pai é assim. Ele não joga nada fora. Já me cansei de dizer a ele várias e várias vezes: "Papai, você não precisa desses arquivos de 1972." Ele não quer abrir mão de nada, mas eu o obrigo — quer dizer, incentivo ele a jogar aquilo tudo fora. E quer saber? Ele sempre se sente melhor depois. (Por que não se lembra disso, continua sendo um mistério.)

Por sinal, é ótimo pedir a um amigo para ajudar você a se livrar da desordem. Lembra-se do sistema de pessoas? Se sentir que não consegue fazer algo sozinho, peça ajuda a um amigo. Talvez seja um de seus filhos mais velhos, que vive dizendo, "Mamãe, papai, quando é que vocês vão jogar fora todo esse lixo?" Ou talvez a casa de seu filho esteja impecável porque todo o lixo dele está em sua casa! Ligue para ele e diga: "Querido, vou me livrar das suas coisas no domingo. Que tal passar por aqui no sábado, para poder levar alguns objetos que você ainda queira?"

Não sinta que deva fazer isso sozinho. Na verdade, sugiro veementemente que você não faça isso sozinho. Peça o apoio dos seus espelhos afetuosos em casa e dos seus portos seguros em seu trabalho, para que eles ajudem em tudo o que você precisa para ser bem-sucedido. Está começando a entender como funciona esse poderoso sistema?

Um pensamento final: seu ambiente interno e seu ambiente externo não são estáticos e imutáveis, e sim vibrantes e dinâmicos. O simples fato de ter eliminado a desordem esta semana não significa que não precisará fazer tudo novamente na próxima. Um professor colega meu era um monge budista que dizia: "Metade da vida é limpar." Você acaba de jantar e tem pratos sujos. Você os lava. Precisa lavá-los novamente amanhã. Isso se chama vida.

SEU SISTEMA DE INTROSPECÇÃO

Introspecção significa "olhar para dentro". Por que isso é importante? Simples: você precisa determinar se sua escada para o sucesso está apoiada na parede errada. Você pode estar indo atrás de algo que realmente não quer mais, ou pode estar indo em uma direção que é contrária ao lugar onde quer terminar.

O mundo é um lugar barulhento, e está ficando cada vez mais ruidoso. Quando caminha na natureza ou vai à praia e olha silenciosamente para as nuvens, areia, montanhas ou água, já notou que você se sente melhor?

Não estou dizendo que você deva ir às montanhas ou à praia todos os dias. Estou dizendo que precisa instalar o sistema de introspecção em sua vida, para permitir que verifique seu progresso interno e externo a cada dia.

EXERCÍCIO: COMO INSTALAR SEU SISTEMA DE INTROSPECÇÃO

1. Que AÇÕES posso executar hoje que permitam minha introspecção?

2. Quando é mais fácil, para mim, executá-las?

3. Que sucessos eu tive hoje?

4. O que realizei hoje que me deixou orgulhoso?

5. Estou indo na direção certa? Minha empresa/ equipe/ carreira está indo na direção que eu realmente quero?

6. Que AÇÕES posso executar para me manter no caminho certo?

Sim, sei que você está ocupado. Sim, sei que você tem um milhão de coisas para fazer hoje. Então o que te faz pensar que NÃO fazer um exame de seus próprios pensamentos e sentimentos fará com que seu dia e sua vida fiquem mais fáceis?

Quer você goste ou não, os Três Por Cento encontram tempo para esse exame de introspecção diariamente, e eles são tão ocupados quanto você. Eles podem não se sentar e meditar (embora muitos deles o façam), mas, certamente, têm um sistema instalado que lhes assegura que estão indo na direção certa.

O QUE PRECISA SER FEITO, É FEITO

Alguma vez você já notou que o que precisa ser feito a cada dia acaba sendo feito? Digamos que você esteja vivendo seu dia normalmente quando, de repente, o telefone toca. Alguém diz que seu melhor amigo está na enfermaria de um determinado hospital e que você precisa ir até lá imediatamente. Você por acaso diz "Desculpe-me, estou muito ocupado"? Ou larga tudo que está fazendo e corre para a enfermaria do hospital?

Agora, "ir ao hospital" estava em sua lista de coisas a fazer hoje? É claro que não! Mas os motivos por que você devia

Passo 3: Sistemas de apoio 181

fazer algo para visitar seu melhor amigo superaram os motivos por que você não devia fazer algo, e você agiu segundo suas verdadeiras prioridades.

Você não precisa e nem quer ter uma emergência para que então cuide de algo tão importante quanto você mesmo e sua paz de espírito. Muita gente fica esperando que suas vidas aconteçam, então ficam imaginando por que não são felizes ou ricas. Se não instalar seu sistema de introspecção, a compressão violenta das informações e das coisas que você deve fazer pode subjugar até mesmo o mais pacífico de nós.

Os exercícios introspectivos diários podem incluir:

✔ Anotações em um diário
✔ Meditação
✔ Oração
✔ Leitura de ensinamentos religiosos
✔ Caminhar na natureza
✔ Jardinagem

Todas essas AÇÕES são introspectivas porque permitem que você olhe para seu interior e se conecte com seu eu autêntico.

O que você pode fazer que lhe permita voltar a se conectar com aquela voz tranquila e melodiosa? Este é seu eu autêntico. Seu sistema de introspecção permitirá que você volte a se conectar com sua intuição, seu eu mais elevado, ou como queira chamar. Isso é parte de todos nós.

Todos nós já tivemos uma intuição que acabou dando certo. Mas quantas vezes aconteceu o inverso? Você faz alguma coisa, olha para trás depois do fato consumado e diz: "Eu *sabia* que não devia ter feito aquilo!" Todos nós já fizemos isso.

É por esse motivo que precisamos reforçar nossa conexão com nosso eu autêntico — para podermos fazer escolhas melhores no momento de decisão.

RECONHEÇA SEUS SUCESSOS

Assim que começar a reconhecer o valor das outras pessoas (seu sistema de pessoas), adivinhe o que vai acontecer? Você também vai precisar reconhecer *seus próprios sucessos*. Muitos de nós fazemos exatamente o oposto e nos criticamos pelo que *não* fizemos. Olhamos para nossa lista de coisas a fazer e dizemos:"Ah, não fiz isso e não fiz aquilo." Em vez disso, reconheça as coisas que você fez.

**Os seres humanos são motivados pelo sucesso,
não pelo fracasso.**

Se você realmente quiser se motivar pelo que dá certo, antes de ir para a cama a cada noite, reconheça as coisas que fez de maneira certa naquele dia. Sim, você fez muitas coisas certas hoje! Anote todas elas, pense nelas e concentre-se nelas.

Aquilo em que você se concentra cresce. Muitos de nós nos criticamos pelo que fizemos "errado". Mas se tudo em que você se concentrar for o que *não* tem, *não* fez, e o que fez "errado", imagine o que vai continuar conseguindo? Por que não se concentrar no que você já está fazendo e usar isso em seu próprio benefício em vez de ficar se criticando mais?

São as pequenas realizações que fazem a grande diferença. Reconheça as coisas que você fez, como:*"Fiz aquela ligação difícil. Terminei a newsletter. Prossegui com o atendimento daquele cliente em potencial. Organizei aquela reunião."*

Você não pode controlar os resultados, mas pode controlar suas AÇÕES. Não pode controlar se alguém vai comprar seus produtos ou se vai conseguir uma promoção ou um milhão de outras coisas. Mas pode controlar o que faz para influenciar essas coisas, e sua reação ao que acontece.

E mesmo que as pessoas digam não, você pode continuar se esforçando — porque isso é o que pessoas bem-sucedidas fazem.

SEU SISTEMA DE SIMPLIFICAÇÃO

Quando avaliamos os quatro sistemas precedentes — pessoas, atividades, ambiente e introspecção —, vemos que eles levam a uma conclusão natural e lógica: a necessidade de simplificar.

Como eu disse antes, o mundo é um lugar barulhento e está ficando cada vez mais ruidoso. Não vivemos na era da informação: vivemos na era do excesso de informações. Simplesmente há uma quantidade muito grande de informações: muitas interrupções, muitos canais, muitos e-mails. Ironicamente, quando temos muitas escolhas na vida, nosso nível de estresse aumenta, porque agora temos agregado o estresse de precisar fazer a escolha "certa"!

Quero que você escreva a seguinte frase com letras grandes e a ponha sobre sua mesa, onde a verá todos os dias:

SIMPLIFIQUE SUA VIDA,
AUMENTE A EFICIÊNCIA DE SEU NEGÓCIO.

Digamos que você esteja dirigindo pela estrada e resolva que quer comer alguma coisa. Você vê os arcos dourados e entra no estacionamento do McDonald's e diz que quer um Big Mac. A garota atrás do balcão por acaso diz: "Ah, espere um segundo. Como é mesmo que preparamos um Big Mac?"

Claro, as pessoas que trabalham nas redes de fast-food podem se atrapalhar, mas o sistema dessas redes é, ao mesmo tempo, *eficiente* e *simples*. Como é que sabemos que é simples e eficiente? Porque o resultado é o mesmo, em qualquer lugar do mundo aonde você vá — e porque, frequentemente, é o primeiro emprego das pessoas que trabalham ali. Embora você possa ter críticas quanto à qualidade do alimento, é difícil argumentar contra o sucesso de uma operação tão eficiente.

Toda empresa e toda organização bem-sucedida potencializou a eficiência de seus sistemas. Por outro lado, indivíduos, equipes, departamentos, empresas e organizações que não aumentaram a eficiência de seus sistemas não estão operando nem mesmo perto de sua capacidade ou de seu potencial.

Você pode fazer isso com sua vida pessoal e, certamente, pode fazer isso também com sua vida profissional. E o lugar para começar a simplificar é o processo da delegação.

EXERCÍCIO: COMO INSTALAR SEU SISTEMA DE SIMPLIFICAÇÃO

1. Que tarefas estou desempenhando agora que gostaria de delegar a outra pessoa?

2. A quem eu gostaria de delegar essas tarefas?

3. Qual é a minha vantagem na delegação?

4. Qual é a vantagem para os outros?

5. Qual é a maior vantagem?

6. Que AÇÕES posso executar para delegar mais hoje do que deleguei ontem?

Você poderia dizer: "Mas Noah, não tenho ninguém a quem delegar!" Sim, também já ouvi isso um bilhão de vezes. Bem, durante muito tempo, eu também não tinha ninguém a quem delegar. Para mim, o simples fato de ter de ler os 2.517 e-mails que recebo por dia era uma atividade que me tomava um tempo enorme, e estava *esvaziando meu tanque*. A partir do momento em que identifiquei **minha vantagem, a vantagem para os outros**, e a **maior vantagem**, finalmente fui capaz de delegar aquela tarefa — e minha produtividade disparou.

VANTAGEM X VANTAGEM X VANTAGEM = VANTAGEM³

Você já deve ter ouvido o conceito de todos saírem ganhando, o que significa que eu ganho e você ganha, ou que há um benefício mútuo. Porém, existe outro nível mais alto de negociação, que chamo de **vantagem ao cubo** — vantagem à terceira potência, vantagem³. Vantagem ao cubo é igual a *vantagem vezes vantagem vezes vantagem*. Significa que eu ganho, você ganha e o mundo ganha. Os verdadeiros líderes não se concentram apenas em sua própria vantagem e na vantagem da outra pessoa, mas também na vantagem para o mundo.

Você já notou que as pessoas fazem tudo mais prontamente quando acreditam que estão contribuindo para uma causa maior, um bem maior ou algo mais importante do que elas mesmas?

Você já viu isso em sua própria vida e nas vidas das pessoas ao seu redor. Por que você se apresenta voluntariamente para fazer coisas? Por que faz doações para causas importantes? É porque quer sentir que está contribuindo para algo maior (lembra-se daquele sentimento de *contribuição* e *importância* sobre o qual lhe falei?). Embora possa não acreditar, você pode fazer isso em sua própria vida profissional e em sua vida pessoal.

As pessoas com as quais já trabalhei na Success Clinic sabem que estamos envolvidos em algo que é muito maior do que qualquer um de nós, porque nosso trabalho nos permite contribuir para as vidas de inúmeras pessoas ao redor do mundo. Meu trabalho, como fundador da empresa, é comunicar essa visão às pessoas que trabalham comigo, porque elas não vão entendê-la por osmose ou telepatia.

Você, como líder de sua equipe, seu departamento ou sua organização, pode fazer a mesma coisa. Pode comunicar a maior vantagem às pessoas com quem trabalha e a quem delega, porque quanto mais pessoas entenderem a maior vantagem, mais forte será a energia que darão a tudo que fizerem.

Por exemplo, a missão da Success Clinic se resume a uma frase que diz:

Estamos criando uma nação e um mundo de espelhos afetuosos.

Se você se entusiasmou com essa frase, queremos que faça parte de nosso grupo. Caso contrário, você não é a pessoa certa para nossa equipe.

Se você estiver dizendo "Bem, tudo que quero é receber meu salário no fim do mês", então, francamente, você não será feliz em nossa equipe. Não há nada errado em querer receber o salário e ir para casa. O que acontece é que nossa equipe é formada por pessoas que se dedicam de corpo e alma a tocar milhões de vidas e elevar a consciência da Terra. Se quiser ser mais bem-sucedido, você precisa comunicar sua visão com essa mesma clareza.

EU GANHO, VOCÊ GANHA, O MUNDO GANHA

Usando meu exemplo de uma coisa tão simples quanto ler os e-mails, eu sabia quais eram as tarefas que queria delegar (**pergunta 1 da simplificação**). O problema era que eu não tinha ninguém a quem delegar a tarefa (**pergunta 2 da simplificação**).

Eu sabia que minha vantagem seria receber de volta muitas horas de meu dia que estavam sendo desperdiçadas com e-mails inúteis (**pergunta 3 da simplificação**). Sentia que essas horas estavam sendo retiradas de mim. Além disso, eu me sentia exausto e zangado depois de tentar ler todos aqueles e-mails. Sei que você entende isso! Todos nós enfrentamos tarefas que drenam nosso tempo e nossa energia.

Assim, minha vantagem era óbvia e clara. Então, determinei a vantagem para os outros (**pergunta 4 da simplificação**), embora eu não tivesse ninguém naquela época. Eu simplesmente cheguei à conclusão de que, com a tarefa dos e-mails, a vantagem de minha assistente (quem quer que ela pudesse ser) seria: ela receberia um salário. Antes mesmo de encontrá-la, determinei que, ao receber um bom salário, ela teria uma vantagem.

Em segundo lugar, como não precisaria ler todos aqueles e-mails inúteis, eu iria apreciá-la genuinamente. Lembrei-me de que a maioria das pessoas faz mais pelo reconhecimento de seu trabalho do que por dinheiro — mas, nesse caso, ela teria as duas coisas.

Finalmente, identifiquei a maior vantagem (**pergunta 5 da simplificação**). Como minha nova assistente iria contribuir para me ajudar a ser mais produtivo e mais feliz, ela também saberia que seríamos capazes de ajudar mais pessoas e fazer uma diferença maior no mundo. Portanto, quando delego uma tarefa tão aparentemente inócua quanto a leitura de e-mails, meu tempo é libertado, ela adquire o sentimento de *importância* e *contribuição*, e o mundo como um todo ganha.

Embora você possa pensar que tudo isso soe grandioso, funciona, apesar de tudo. Como líder, você deve comunicar todas as três vantagens a si mesmo e à sua equipe. Não é responsabilidade de qualquer outra pessoa determinar as vantagens para os outros ou a maior vantagem. Pessoas ricas e felizes comunicam todas as três vantagens, quer as percebam ou não. É por isso que elas têm tanto do que o restante do mundo quer.

Você não precisa ser um grande palestrante ou orador, mas se quiser desfrutar do máximo de riqueza com o mínimo esforço deve entender e comunicar efetivamente as três vantagens não só para as outras pessoas, mas também para si mesmo.

A verdadeira riqueza é muito mais do que receber um salário mais alto. Embora seja ótimo querer e ganhar mais dinheiro, a verdadeira riqueza significa ajudar mais pessoas, tocar mais vidas e melhorar o mundo. É por isso que simplificar sua vida pessoal e aumentar a eficiência de sua vida profissional — e instalar os cinco sistemas de apoio essenciais — permitirão que você desfrute de mais riqueza e felicidade com muito menos esforço.

UMA RÁPIDA RECAPITULAÇÃO

1. Existem cinco **sistemas de apoio** essenciais que devem operar adequadamente para que você desfrute de mais riqueza e felicidade. Assim como sua casa e seu corpo, se esses sistemas não estiverem funcionando de ma neira ideal, você não ficará feliz com os resultados.

2. Os cinco sistemas de apoio são: **pessoas, atividades, ambiente, introspecção** e **simplificação.** Se um ou mais desses sistemas não estiver operando favoravelmente, seu sucesso e sua paz de espírito serão muito limitados.

3. Seu **sistema de pessoas** consiste em sua habilidade de *reconhecer, pedir, aceitar, responsabilizar* e *aformar.*

4. Seu **sistema de atividades** significa fazer mais do que enche seu tanque e menos do que o esvazia.

5. Seu **sistema do ambiente** significa acabar com a desordem de seu ambiente interno e de seu ambiente externo.

6. Seu **sistema de introspecção** significa fazer diariamente exercícios, tais como meditação, oração ou redigir um diário, que o mantenham no caminho rumo a onde você realmente quer chegar.

7. Seu **sistema de simplificação** significa simplificar sua vida pessoal e aumentar a eficiência de sua vida profissional. Simplificar e aumentar a eficiência são as marcas registradas de uma pessoa realmente rica e

altamente bem-sucedida nos negócios. Quando você instala os cinco sistemas de apoio essenciais em níveis ideais em sua vida pessoal e profissional, passa a desfrutar de mais riqueza e felicidade usando menos tempo, dinheiro e esforço do que antes.

Próximas ações: liste três coisas deste capítulo que você pode fazer nos próximos sete dias para implementar os cinco sistemas de apoio em sua vida pessoal e profissional.

1. _____

2. _____

3. _____

AS 10 PRINCIPAIS AFORMAÇÕES PARA O PASSO 3:

1. Por que tenho tanto apoio em minha vida?

2. Por que os líderes ficam tão encantados comigo?

3. Por que assumo a responsabilidade de fazer coisas que enchem meu tanque?

4. Por que uso minha energia com tanta eficiência?

5. Por que adoro jogar fora as coisas que não servem mais para quem eu realmente sou?

6. Por que gosto de manter meu ambiente externo limpo?

7. Por que adoro manter meu ambiente interno desobstruído?

8. Por que dou ouvidos à minha intuição quando tomo grandes decisões?

9. Por que assumo a responsabilidade de simplificar minha vida?

10. Por que gosto de simplificar minha vida pessoal e de tornar minha vida profissional mais eficiente?

CAPÍTULO 7

Passo 4: Zonas livres de metas e operação de substituição da meta

"Muita gente está subindo uma escada para o sucesso que está encostada na parede errada."
STEPHEN COVEY

Recentemente, participei de uma reunião empresarial com duzentas pessoas muito bem-sucedidas. Aquelas pessoas eram o "suprassumo" dos negócios. Eu jamais havia estado em uma sala com tantos multimilionários. Você teria reconhecido muitos deles por causa de suas aparições na TV e por outros empreendimentos comerciais. Cada um de nós pagou 10 mil dólares para participar, então, fazendo uma analogia com o salto em altura, a barra já estava bem alta desde o início.

No entanto, mesmo nesse nível de super-realização financeira, fiquei chocado ao ver a frequência com que as pessoas na sala ainda estavam se privando de alcançar seu potencial pleno! Por exemplo, conversei com um empresário que ganha mais de 20 milhões de dólares por ano. Ele me contou que, quando começou a ganhar muito dinheiro, também passou a sentir medo, porque nada como aquilo jamais havia acontecido com ele (lembra-se de sua zona familiar?). Então ele passou a se autossabotar, mas a parte mais incrível foi que *ele via o que estava acontecendo, mas, mesmo assim, não conseguia impedir*. Ele me disse que era como estar em um trem que se aproximava de um precipício, mas que era incapaz de conter. Contou-me que perdeu cerca de 170 mil dólares em uma semana simplesmente porque não sabia como se permitir ser bem-sucedido.

Finalmente ele me disse: "É uma pena eu não ter tido seu sistema naquela ocasião, porque se tivesse feito o que você ensina, poderia ter economizado todo aquele dinheiro!"

"ESTABELEÇA SUAS METAS" — ÃHN, TUDO BEM

Em programas tradicionais de autoajuda, a primeira coisa que nos disseram para fazer foi: "Estabeleça suas metas." Este passo culmina em uma pergunta que já existe há muito tempo: "Por que vivo estabelecendo minhas metas... mas continuo sem atingi-las?"

Como você já deve ter notado, este sistema vira a literatura tradicional de autoajuda de cabeça para baixo. O motivo pelo qual estabelecemos metas e não as atingimos não significa que não somos suficientemente bons, suficientemente espertos ou suficientemente capazes de conseguir o que queremos. O motivo para não atingirmos nossas metas é dividido em três verdades:

1. Vamos atrás de alguma coisa que, na realidade, não queremos.

2. Nossas metas são impossíveis, desatualizadas ou irreais.

3. Não nos damos permissão de *parar* de estabelecer metas.

Sua reflexão negativa sempre vai lhe dizer que você não é suficientemente bom. Ironicamente, ela está tentando protegê-lo, porque se você acredita que não é suficientemente bom, então não vai tentar e, portanto, não vai fracassar. É por isso que a melhor maneira de superar sua reflexão negativa é executar os passos deste sistema.

Sabemos pela física que um corpo em movimento tende a se manter em movimento. Quando um foguete deixa a Terra, ele primeiro precisa superar a gravidade e, em segundo lugar, atravessar a atmosfera. Acontece mais ou menos a mesma coisa em nossas vidas.

Nossos *hábitos* são como a gravidade; é aquilo com que nos acostumamos a fazer. Estamos acostumados a pensar "Não consigo fazer isso", "Não sou suficientemente bom ou boa", e, provavelmente, não estamos acostumados a pedir ajuda, a aceitar apoio de outras pessoas ou a pensar que poderia haver outra maneira de viver.

Nosso *ambiente* é como a atmosfera: é onde existimos. O fato de estarmos acostumados com certo ambiente é o motivo pelo qual até mesmo pessoas altamente bem-sucedidas precisam se esforçar para se permitir serem bem-sucedidas em níveis cada vez mais altos.

É disso que este sistema trata. Você não precisa mais cometer erros dispendiosos. Em vez disso, aprenda com meus erros e com os erros de outras pessoas e, simplesmente, permita-se alcançar o sucesso.

ZONAS LIVRES DE METAS

O que é uma **zona livre de metas**? Uma *zona livre de metas* é o tempo e o lugar onde você se dá *permissão para não estabelecer metas*. Por que este é o próximo passo para que você desfrute de mais riqueza e felicidade?

1. Para evitar a exaustão.

2. Para entender que seu valor não resulta de suas realizações.

3. Para reduzir os efeitos da sobrecarga de informações.

4. Para conectá-lo com seu eu autêntico.

Passo 4: Zonas livres de metas e operação de substituição da meta 197

Ironicamente, para ser feliz e rico, você precisa se dar permissão de se desligar do trabalho. Estudos científicos descobriram que os seres humanos alcançam um melhor desempenho em esforços vigorosos de 90 a 120 minutos. Portanto, se quiser ter seu melhor desempenho, você precisa ter momentos em seu dia em que possa se desligar das atividades relacionadas com o trabalho. Fazendo isso, você não só evitará a exaustão, como também será mais capaz de se engajar totalmente quando voltar ao trabalho.

O segundo motivo para usar as zonas livres de metas é porque você precisa entender que seu valor não resulta de suas realizações. Muita gente, inconscientemente, acredita que só tem valor quando realiza algo, ganha prêmios ou tem muito dinheiro. Na verdade, você precisa perceber que *seu valor não resulta de suas realizações*. Seu valor simplesmente *é*. Acreditar verdadeiramente nisso é o segundo motivo para se dar o direito a ter zonas livres de metas.

O terceiro motivo pelo qual você precisa de zonas livres de metas é evitar os efeitos do excesso de informação. Embora não possamos deter o grande fluxo de informações de e-mails, telefones celulares, do Crackberry* e de todos os outros dispositivos eletrônicos conhecidos pelo ser humano, podemos, pelo menos, limitá-lo. O problema é que muita gente jamais se desliga de todo esse barulho, e o organismo humano não foi projetado para suportar esse tipo de estímulo incessante. Esse é um dos motivos pelos quais muitas pessoas se sentem estressadas, exauridas, com a saúde enfraquecida, adquirem maus hábitos alimentares e apresentam vários problemas de saúde.

---

* Crackberry é um site que oferece cobertura de notícias, orientações, fóruns, etc. (*N. do T.*)

Em quarto lugar, quando estabelece zonas livres de metas, isso permite que você se conecte com seu eu autêntico, aquela voz tranquila e suave que é a voz de sua intuição. Você alguma vez já notou que suas melhores ideias não surgem durante o trabalho? Elas surgem quando você está relaxando. Podem surgir quando você está correndo, escrevendo seu diário, rezando, meditando ou no chuveiro. (Foi o que aconteceu comigo com as Aformações!) Sua mente é mais receptiva às ideias que surgem nos momentos de tranquilidade, e esse é outro motivo para usar as zonas livres de metas.

Ah, e o quinto motivo? Elas são muito mais divertidas do que trabalhar o tempo todo.

Se você se forçar a trabalhar arduamente durante muito tempo, eventualmente acabará sofrendo de exaustão.

EXERCÍCIO: COMO USAR AS ZONAS LIVRES DE METAS

1. Quais são minhas atividades preferidas da zona livre de metas?

2. Quando gosto de desfrutá-las?

3. Que desculpas negativas eu tenho para não usufruir das minhas zonas livres de metas?

4. Quando essas desculpas não são verdadeiras?

5. O que vai acontecer se eu não desfrutar de minhas zonas livres de metas?

Passo 4: Zonas livres de metas e operação de substituição da meta   199

Perguntas 1 e 2 da zona livre de metas — Quais são minhas atividades preferidas na zona livre de metas e quando gosto de desfrutá-las?

O que você gosta de fazer quando se desliga do trabalho? Talvez goste de meditar, de escrever um diário, caminhar, passear de bicicleta, correr, se exercitar, ou simplesmente tirar uma soneca. Eu gostaria de sugerir que não inclua na lista "assistir à TV" porque quero que você fique literalmente desligado. Embora possa ser uma coisa que não exija muito raciocínio, assistir à TV não é verdadeiramente rejuvenescedor. Você normalmente não se sente revigorado depois de assistir à TV. Em vez disso, na maioria das vezes, você se sente morto porque não ocupou sua mente e, certamente, não entrou em contato com quem você realmente é. A TV não foi projetada para fazer isso — seu propósito é fazer com que você compre coisas.

Comece determinando as atividades que você executa, e então acrescente diferentes períodos para cada uma delas. Você não precisa ter 15 atividades diferentes para executar todos os dias; isso anularia o propósito e simplesmente o deixaria mais estressado.

Certifique-se de escolher as opções que o agradem. Minha zona livre de metas é tirar uma soneca. Para escrever este livro, por exemplo, eu tinha uma rotina de escrever por noventa minutos e então tirava uma soneca de 15 minutos. Aí, eu voltava a escrever me sentindo revigorado e pronto para trabalhar.

Algumas vezes, eu saía para dar uma caminhada e admirar o brilho do sol — e, de repente, surgia uma ideia em minha cabeça. Mas, normalmente, esse tipo de ideia criativa não me ocorria quando eu estava sentado aqui escrevendo. Era necessário que eu fizesse o processo ativo de me afastar de minha mesa de trabalho para permitir que minha intuição criativa se apossasse de mim e se fizesse ouvida.

Você talvez escolha apenas umas poucas atividades de que realmente gosta, e isso é tudo de que você precisa para suas zonas livres de metas. Se fizer somente algumas atividades para rejuvenescer e se renovar, e também conceder a si mesmo permissão para se desligar a cada noventa minutos, ficará à frente de todas as pessoas que vivem totalmente estressadas. Lidamos com problemas de saúde todos os dias, como obesidade, estresse e exaustão, e os aceitamos como normais. Podem ser distúrbios normais na sociedade de hoje, mas, certamente, não são naturais em termos do que nos faz felizes e bem-sucedidos. Lembre-se, o propósito deste sistema é ajudar você a ser feliz e rico!

O resultado final é: se você quiser ser rico, não pode ser normal. As pessoas que ganham milhões a cada ano não são normais — porque, por definição, normal é igual a não ser muito bem-sucedido. A maioria da população é feliz e rica? De jeito nenhum. Portanto, se você quiser ser feliz e rico, deve fazer coisas que as pessoas "normais" não fazem ou não conseguem fazer.

A grande notícia é que deixar de ser "normal" significa que você não precisa fazer o que a maioria das pessoas faz, ou seja, passar a maior parte de suas vida sem dinheiro e infeliz. Se as pessoas lhe causarem dificuldades, lembre-se desta grande citação: "Posso ser esquisito, mas você está falido!"

Passo 4: Zonas livres de metas e operação de substituição da meta 201

Pergunta 3 da zona livre de metas — Que desculpas negativas eu tenho para não usufruir das minhas zonas livres de metas?

Posso ouvir você agora: *"Não tenho tempo, não tenho dinheiro, não tenho energia."* Parece familiar?

Que tal essas desculpas: *"Não posso me permitir isso."*
"Eu não mereço isso."
"Meu pai me ensinou a trabalhar incansavelmente."
"Meu chefe jamais me deixará fazer isso."
"Não tenho tempo por causa das crianças."
Quaisquer que sejam suas desculpas, anote-as.

Pergunta 4 da zona livre de metas — Quando essas desculpas não são verdadeiras?

Quando é mentira a afirmação de que "Eu não tenho tempo"? Apenas todos os dias! Todas as pessoas na Terra têm as mesmas 24 horas a cada dia. Nem mesmo Warren Buffet pode deter a rotação da Terra, embora eu tenha ouvido comentários de que ele e Bill Gates ainda estão tentando.

Você encontra tempo para as coisas que são verdadeiramente importantes, quer faça isso conscientemente ou não. Mas não minta para si mesmo e diga que não tem tempo. Posso ouvi-lo dizer: "Mas Noah, você não entende, estou ocupado fazendo um milhão de outras coisas. Tenho muitas outras responsabilidades." Não diga! É exatamente sobre isso que estamos falando! Eu só quero que você entenda que, quando diz que não tem tempo, está mentindo para si mesmo.

Lembre-se, o que precisa ser feito é feito. Está lembrado do exemplo de seu melhor amigo no hospital? Você foi até lá, embora ir ao hospital não estivesse em sua lista de coisas a fazer.

A questão é: quando alguma coisa se torna *prioridade*, você encontra uma maneira de fazê-la acontecer. Essa é a derradeira expressão dos motivos por que você faz algo e dos motivos por que você não faz algo: quando uma coisa é suficientemente importante, você encontra uma maneira, independentemente de qual seja o custo.

O que estou fazendo aqui é expor sua reflexão negativa. Você vai me dizer: "Noah, não tenho tempo para fazer isso." Essa desculpa, como acabamos de ver, é uma mentira.

Mas você poderia me dizer: "Noah, isso não é uma prioridade em minha vida." Essa, sim, é uma declaração verdadeira. Se não estiver determinando zonas livres de metas, você simplesmente ainda não fez delas uma prioridade em sua vida. A partir do momento em que perceber isso, poderá começar a viver no nível da escolha consciente, e não no da não escolha subconsciente.

Que tal a desculpa de "Não tenho dinheiro"? Quanto dinheiro é necessário para meditar? Para escrever um diário? Para caminhar na natureza? Para se levantar do computador? Você precisa pagar 50 dólares a alguém toda vez que medita ou se levanta? Se precisar, não sei ao certo onde você está trabalhando, mas acho que deveria reavaliar seu plano de saúde.

Que tal ler um livro? Vá à biblioteca. É grátis. Está vendo? Consigo afastar todas as suas desculpas. Você pode não gostar de mim quando faço isso, porque sua reflexão negativa — que você acha que é você — está ficando sem desculpas.

Se não conseguir se lembrar de mais nada, lembre-se pelo menos disto:

Se quiser ser feliz e rico, faça o que as pessoas felizes e ricas fazem.

Ou isso ou você pode ficar sentado aí esperando que um gênio saia de uma garrafa ou que um saco cheio de ouro caia do céu. Se der certo, quero saber como foi que aconteceu com você.

Pergunta 5 da zona livre de metas — O que vai acontecer se eu não desfrutar de minhas zonas livres de metas?

Você se lembra dos motivos por que você faz algo e dos motivos por que você não faz algo? A dor é um grande motivador. Se perceber que o fato de não determinar suas zonas livres de metas vai resultar em muitas dores para você, isso poderá motivá-lo a determiná-las.

Se continuar a fazer o que está fazendo, você continuará a receber de volta o que está recebendo. Minha experiência em trabalhar com milhares de pessoas em meus seminários e programas de treinamento fixou em meu cérebro um fato simples e perturbador: não existem atalhos. Isso poderia exasperar algumas pessoas pelo motivo errado, mas o que estou tentando lhe mostrar é que quero realmente que você alcance o sucesso.

Se você viesse a este curso me dizendo "Eu quero ser rico e feliz" e estivesse sem grana e se sentindo miserável, e então eu lhe dissesse que o que você está fazendo está ótimo e que deveria continuar fazendo a mesma coisa, eu estaria lhe prestando um grande desserviço, não é? Seria o mesmo que você estar obeso, contratar um personal trainer e pedir a ele para ir à sua casa e, quando chegasse, ele dissesse a você: "Ah, você não precisa se exercitar. Está muito bem."

Claro que *gostaríamos de ouvir isso*; e gostaríamos de acreditar que não precisamos mudar para conseguir as coisas que queremos. Mas a verdade é que precisamos fazer todas aquelas abdominais se quisermos chegar a um ótimo condicionamento físico. Meu trabalho é deixá-lo tanto em boa forma fiscal como em boa forma física.

GANHE APOIO, ELIMINE AS DESCULPAS

O próximo exercício é chamado de "Ganhando apoio para as zonas livres de metas". As pessoas dizem: "Noah, não consigo fazer isso. Você não entende. Tenho filhos, meu trabalho, meu chefe que não me compreende." É, já ouvi isso apenas cerca de um milhão de vezes.

Então vamos ganhar apoio e eliminar as desculpas. A seguir, quero que você liste as atividades individuais da zona livre de metas que deseja fazer, o que você está dizendo que o impede de fazê-las, de quem precisa de apoio para fazê-las e de que forma gostaria que fosse esse apoio.

Vamos ver um exemplo. Digamos que você gostaria de fazer mais caminhadas na natureza. Essa é uma *atividade* da zona livre de metas. O que o está impedindo? Talvez a desculpa de que você não tem tempo. *"Tenho as crianças. Preciso preparar as refeições. Preciso dirigir meu negócio. Tenho um milhão de outras coisas que preciso providenciar."* Talvez você esteja dizendo: "Noah, você não entende minha vida." Ótimo, escreva isso.

De quem você precisa de apoio para estabelecer essas zonas livres de metas? Se for honesto, você dirá que precisa do

Passo 4: Zonas livres de metas e operação de substituição da meta   205

apoio de seu cônjuge para ajudá-lo a criar mais tempo livre em seu dia. E seus filhos? Talvez possam ajudar com a lavagem das roupas, com a preparação dos alimentos, com a limpeza ou com outros trabalhos de casa. Você não deveria tentar fazer tudo sozinho.

Talvez, se você não tiver filhos ou se eles forem muito novos para ajudar, uma diarista poderia ir à sua casa duas vezes por mês ou uma vez por semana. Se não tiver condições de pagar uma diarista, talvez você possa fazer um acordo com algum amigo. Que tal começar a pensar como as pessoas ricas e felizes? O que elas fariam?

EXERCÍCIO: COMO GANHAR APOIO PARA AS ZONAS LIVRES DE METAS

Atividade da ZLM	O que está me impedindo de exercê-la	De quem preciso de apoio	Que forma eu gostaria de ter esse apoio

Você pode pagar uma pessoa com outras coisas, além de dinheiro. O dinheiro é apenas uma forma de intercâmbio. Encontre algo. Pergunte a si mesmo: "De que forma preciso desse apoio?" Para o exemplo da diarista, você poderia precisar que ela viesse para limpar ou cozinhar. Usando um exemplo pessoal, eu precisava de ajuda com tarefas administrativas, o que significava que precisava de uma assistente. Fiz a lista de tarefas, trabalhos e responsabilidades que eu precisava que alguém fizesse, então perguntei aos meus amigos se eles conheciam alguém que fosse capaz de me ajudar. Publiquei anúncios online e continuei perguntando. Em questão de dias, um amigo encontrou a assistente perfeita para mim — mas só porque continuei perguntando e segui meu próprio sistema.

COMO NÃO MUDAR SUA VIDA

Odeio ser tão óbvio, mas se você estiver me dizendo que quer ser rico e feliz, então comece a fazer o que as pessoas ricas e felizes fazem. As pessoas ricas e felizes não são mais inteligentes que você. (Confie em mim. Já conheci muitas delas.)

Elas são pessoas perfeitamente comuns, não são mais trabalhadoras nem mais inteligentes ou mais charmosas do que qualquer outra pessoa. A diferença essencial entre elas e os 97% da população do mundo é que *as pessoas ricas e felizes desenvolveram as aptidões de serem ricas e felizes*. Que tal isso para você ficar boquiaberto?

Permanece o fato de que você também pode ser rico e feliz — mas não pode continuar se conformando com suas desculpas, continuar fazendo o que sempre fez e ficar imaginando por que você não é rico e feliz.

Passo 4: Zonas livres de metas e operação de substituição da meta 207

A maioria das pessoas está se esforçando cada vez mais para obter os mesmos resultados — ou menos. As pessoas felizes e bem-sucedidas sabem como obter o máximo de cada dia porque se tornaram especialistas em *administrar* suas fontes de energia.

Nós temos quatro fontes de energia pessoal: **física, emocional, mental** e **espiritual**. Nossa energia física é nossa *quantidade* de energia, ou quanta energia nós temos em um determinado momento. Nossa energia emocional é a *qualidade* de nossa energia, ou como a expressamos em um determinado período.

Nossa energia mental significa nossa capacidade de *concentração* em uma tarefa durante certo período. E nossa energia espiritual está relacionada com nosso sentido de ser ou com nosso *propósito* na Terra.

Existem duas coisas que podemos fazer com nossa energia pessoal: gastá-la e renová-la. Muitos de nós somos ótimos em gastar nossa energia e horríveis em renová-la. Administrar suas fontes de energia significa passar a gastar sua energia com inteligência e renová-la constantemente.

Com o passar do tempo, quando for ficando melhor em renovar suas fontes de energia, você passará a aumentar sua capacidade de desempenho em níveis cada vez mais altos. É como iniciar uma nova rotina de exercícios físicos, que no início é muito difícil, até mesmo impossível, mas torna-se cada vez mais fácil quanto mais você pratica.

Depois de preencher este exercício, se achar que não é muito bom em renovar suas fontes de energia, use as zonas livres de metas para renová-las e reabastecer seu tanque. É muito simples: as pessoas ricas e felizes usam zonas livres de metas. Se você não as usar, sua capacidade de alcançar o sucesso em níveis mais altos será muito restrita.

EXERCÍCIO: COMO ADMINISTRAR SUAS FONTES DE ENERGIA

	Coluna A: Como estou GASTANDO minha	Coluna B: Como estou RENOVANDO minha
ENERGIA FÍSICA (Quantidade)		
ENERGIA EMOCIONAL: (Qualidade)		
ENERGIA MENTAL: (Concentração)		
ENERGIA ESPIRITUAL: (Propósito)		

OPERAÇÃO DE SUBSTITUIÇÃO DA META: SUAS METAS SÃO REALMENTE SUAS?

Tim Taylor era um multimilionário investidor do mercado imobiliário que havia estabelecido a meta de se aposentar com 40 anos. Superou sua meta em um ano e aposentou-se aos 39 anos. Mudou-se para a Flórida e decidiu passar um ano curtindo as praias mais lindas do mundo. Iniciou suas férias e aproveitou o melhor período de sua vida — por 47 dias.

No 47º dia, ele estava sentado na praia em Cancun, México, pensando na vida, e viu-se indagando: "Realizei o Sonho Americano. Sou rico, bem-sucedido e me aposentei com 39 anos. Então por que estou me sentindo tão vazio?"

Ele cancelou o restante de suas viagens e iniciou uma busca pelo sentido de sua vida. Um amigo sugeriu a Tim que participasse de um de meus seminários. Depois de completar os passos de meu curso, Tim percebeu que, embora tivesse lucrado milhões em imóveis, ele agora queria fazer outra coisa com sua vida. Queria ensinar às outras pessoas o que fazer para serem bem-sucedidas no ramo dos imóveis, queria compartilhar seu conhecimento para ajudar outras pessoas a realizarem seus sonhos.

A história de Tim reflete você? Quer fazer alguma coisa com sua vida, mas não está bem certo do que é ou de como chegar lá? Talvez você esteja indo atrás de algo que, na verdade, não quer mais. Ou talvez só precise entender por que continua indo atrás do que sempre buscou.

Talvez você precise realizar uma **operação de substituição da meta**.

COMO REALIZAR UMA OPERAÇÃO DE SUBSTITUIÇÃO DA META

O que é uma operação de substituição da meta? Quando descobri a anorexia do sucesso, percebi que um dos motivos ocultos pelo qual muita gente fica com o pé no freio é que elas estão indo atrás de algo que não querem mais. Ou estão indo atrás de metas que não são delas. Ou estão indo atrás de metas que alguém lhes disse que deveriam alcançar e, em seu íntimo, elas não querem.

Qualquer que seja o motivo, suas circunstâncias internas ou externas mudaram — mas elas ainda estão naquela esteira, correndo atrás de algo que, na verdade, não querem mais. É por isso que, algumas vezes, precisamos realizar uma operação de substituição da meta.

Três tipos de metas exigem a operação de substituição da meta:

1. Metas impossíveis.

2. Metas de outra pessoa.

3. Metas que, na verdade, você não quer mais.

METAS IMPOSSÍVEIS

O que é uma *meta impossível?* Uma meta impossível é justamente o que parece ser: uma meta que não pode ser alcançada. Um exemplo de meta impossível poderia ser *fazer com que todos sejam felizes*. Você não pode fazer com que todos sejam felizes. Na verdade, tecnicamente, não se pode *fazer* ninguém feliz. Podemos *influenciar* a felicidade das pessoas, mas não podemos *fazer* ninguém feliz.

Passo 4: Zonas livres de metas e operação de substituição da meta   **211**

Que tal esta: *"Preciso ser perfeito e jamais cometer um erro."* É, essa é realmente a chave do sucesso. Note como as pessoas ricas e felizes são perfeitas. (Você está vendo a ironia aqui?)

Que tal esta meta impossível: *"Preciso vender para 100% de meus clientes em potencial."* Qual é! Por mais que você esteja distribuindo dinheiro, existem pessoas que não vão aceitar o que você está oferecendo. (Eu não recomendaria isso, a menos, é claro, que você venha à minha casa me oferecer.)

Mas você também poderia dizer: "Eu não tenho nenhuma dessas metas impossíveis, Noah!" Ótimo. Basta notar que nenhuma dessas metas impossíveis é consciente. Ninguém acorda pela manhã e diz: *"Preciso fazer com que todos fiquem felizes hoje! Se eu não vender para 100% de meus clientes em potencial, não serei suficientemente bom! Preciso ser perfeito hoje!"* Ninguém faz isso... Conscientemente.

As metas impossíveis não são conscientes; essa é justamente a questão. O motivo pelo qual nos criticamos por não alcançar essas metas impossíveis é porque elas estão em nossa mente subconsciente, e é a ela que, inconscientemente, reagimos.

É por isso que o propósito da operação de substituição da meta é fazer com que o que tem sido subconsciente seja consciente — para que você possa examinar suas metas ocultas e que já perderam a validade e, se necessário, abandoná-las. Assim como uma operação de verdade em seu corpo físico, você, na realidade, não pode ver o que está acontecendo dentro de seu corpo — mas se estiver tendo um ataque cardíaco, não seria uma boa ideia entrar lá e solucionar o problema?

METAS DE OUTRAS PESSOAS
OU DESATUALIZADAS

O próximo conjunto de metas incorretas se refere às *metas de outra pessoa*. Por exemplo, o indivíduo que se tornou dentista porque o pai e o avô eram dentistas, e todos esperavam que ele fosse dentista. Mas, na verdade, ele queria ser engenheiro. Ou estilista de moda. Ou astronauta. Quaisquer que sejam elas, você já engoliu metas de outra pessoa que realmente não queria?

O terceiro conjunto de metas que exigem a operação de substituição da meta envolve as *metas desatualizadas que você, na realidade, não quer mais*. Você está se esforçando para conseguir algo que acha que precisa? Por exemplo, digamos que você tenha estabelecido uma meta para si mesmo e ainda não conseguiu alcançá-la. Isso é muito comum. Mas a questão é: você realmente ainda quer essa meta, ou já está tentando alcançá-la há tanto tempo e por isso acha que deveria continuar a desejá-la?

O QUE TIM FEZ

Depois que ensinei a ele a operação de substituição da meta, Tim percebeu que vivia dizendo a si mesmo que precisava voltar e reconstruir sua empresa de investimentos imobiliários, o que, em sua opinião, demoraria mais três anos e custaria cerca de 3 milhões de dólares.

Depois de completar este passo, o que demorou cerca de dez minutos, ele fez a si mesmo a seguinte pergunta: "Espere um minuto. Por que tenho de fazer isso? Quem está me

Passo 4: Zonas livres de metas e operação de substituição da meta **213**

dizendo isso? Quem inventou essa regra?" Tim chegou à conclusão de que ele era a única pessoa que estava dizendo que precisava fazer isso!

Então perguntou-se: "Por que preciso desperdiçar todo esse tempo, dinheiro e esforço fazendo uma coisa que nem quero fazer — quando posso simplesmente começar a ser um orientador para pessoas que queiram alcançar sucesso no ramo imobiliário, que é o que realmente quero fazer?"

Tim percebeu que estava receoso. Achava que, se voltasse ao que sempre havia feito, não sentiria mais receio. Mas, em primeiro lugar, era apenas o medo que o estava impedindo de fazer o que realmente queria!

A partir do momento em que percebeu o que estivera dizendo a si mesmo — e o fato de que aquilo não era verdade —, ele resolveu enfrentar seu medo. Em quarenta dias, encaixotou tudo que tinha, vendeu sua imobiliária, mudou-se da Flórida para San Diego e lançou sua empresa de treinamento para pessoas que querem ser bem-sucedidas no mercado de imóveis.

Tim me contou, "Noah, o que você me ensinou em dez minutos me ajudou a economizar 3 milhões de dólares, e ganhei três anos de minha vida. E, em menos de 180 dias, ganhei 500 mil dólares fazendo o que gosto."

Talvez você não consiga ganhar meio milhão de dólares em tão pouco tempo ou economizar 3 milhões logo de início como aconteceu com Tim. Mas e se completar este passo o ajudar a ganhar mil reais ou mesmo 500 adicionais por mês? Isso não representaria um bom retorno sobre seu investimento? Isso é o que pode acontecer quando você completar os passos que estou lhe mostrando.

Você pode dizer: "Noah, eu não tenho nenhuma meta impossível, nem estou em busca de algo que não quero." Ótimo! Se isso for verdade, então simplesmente pule este passo. No entanto, muitas das pessoas com as quais já trabalhei têm pelo menos uma meta que estão perseguindo sem saber e que precisa ser substituída.

EXERCÍCIO: COMO REALIZAR A OPERAÇÃO DE SUBSTITUIÇÃO DA META

1. Quais são minhas metas atuais que precisam ser substituídas?

2. Por que preciso alcançá-las e quem me disse que eu preciso fazer isso?

3. Por que são metas impossíveis, metas de outra pessoa ou metas que eu realmente não quero mais?

4. Quais os PRINCÍPIOS que eu escolho para nortear minha vida?

5. Por quê?

6. Que AÇÕES posso executar para substituir minhas metas falsas por meus princípios verdadeiros?

Quero voltar sua atenção para a pergunta 4 — *"Quais os princípios que eu escolho para nortear minha vida?"* Note que não perguntei quais são suas metas. Para este exercício, não

Passo 4: Zonas livres de metas e operação de substituição da meta 215

importa quais são. Quero saber que *princípios* você escolhe para nortear sua vida. Por quê? Porque isso é que vai me dizer quem você realmente é e se vai ou não alcançar suas metas.

Em seu livro seminal, *Os 7 hábitos das pessoas altamente eficazes*, Stephen Covey escreve sobre a natureza dos princípios. Ele fala sobre os princípios de *justiça, integridade, honestidade, dignidade humana, serviço, excelência, potencial* e *crescimento*.

Princípios não são processos. São as linhas mestras fundamentais para a conduta humana. Ele escreve: "Os princípios são essencialmente indisputáveis, por que são autoevidentes. Uma maneira de captarmos rapidamente a natureza autoevidente dos princípios é simplesmente considerar o absurdo de tentarmos levar uma vida efetiva com base em seus opostos. Não creio que alguém consideraria seriamente injustiça, falsidade, inutilidade ou degeneração como fundamentos sólidos para uma felicidade duradoura."

Quais os princípios que você escolhe para nortear sua vida? É isso que quero saber de você. Na verdade, pouco importa quais são suas metas. Se você estiver dizendo "Minha meta é ser milionário", mas os princípios que norteiam sua vida são injustiça, preguiça e mediocridade, as probabilidades de você alcançá-la são aproximadamente as mesmas de um camelo alcançar uma supernova.

Depois de ter respondido à pergunta sobre os princípios que escolhe para nortear sua vida, você precisa saber por que os está escolhendo. Essa é a pergunta 5 — Por quê? Porque você é adulto. Ninguém pode lhe dizer o que fazer ou por que motivo. Você toma essas decisões por si mesmo. Como adulto, chegou a hora de mudar de *sem* escolha para *com* escolha. Assim, responda à pergunta sem a ajuda de ninguém.

SUAS AÇÕES REVELAM SEUS PRINCÍPIOS

A pergunta final para a realização da operação de substituição da meta é: "Que AÇÕES posso executar para substituir minhas metas falsas por meus **princípios verdadeiros**?" Como você vai demonstrar seus princípios verdadeiros? Você pode dizer que vive norteado por princípios de honestidade, integridade, serviço, qualidade e excelência, mas fica sentado comendo batatinhas fritas, assistindo à TV, preocupado o tempo todo e dizendo a si mesmo que não vai conseguir.

Não estou tentando puxar sua orelha. Estou tentando mostrar que você precisa parar de se recriminar, parar de maltratar seu corpo e começar a mostrar ao mundo que vive segundo os princípios que você diz seguir.

E se, ao completar esses passos, você pudesse ganhar um ano de sua vida? Que tal seis meses? Que tal um mês? A questão é que você não pode ter de volta os dias que já se passaram, porque tempo é um recurso humano que jamais pode ser substituído. Não vale a pena investir dez ou vinte minutos para ter a oportunidade de, possivelmente, poupar anos de sua vida e bastante dinheiro?

Este é um dos passos que as pessoas ricas e felizes já completaram, consciente ou inconscientemente. Essas pessoas não são perfeitas, mas, quase sempre, estão indo atrás do que realmente querem, não do que outra pessoa acha que elas deveriam querer. É assim que eu quero que você também seja.

UMA RÁPIDA RECAPITULAÇÃO

1. Fomos inundados com informações do tipo "estabeleça suas metas" durante os últimos cinquenta anos.

Passo 4: Zonas livres de metas e operação de substituição da meta 217

No entanto, muitas pessoas permanecem estagnadas, ou porque se sentem culpadas toda vez que param, ou porque estão indo atrás de metas que realmente não querem.

2. Para aumentar drasticamente sua produtividade, use as **zonas livres de metas**, que são os momentos em sua vida em que você se dá permissão de fazer um intervalo das atividades relacionadas com suas metas. Superastros do atletismo e pessoas que obtiveram muito sucesso em suas atividades empresariais entendem a importância de relaxamento, renovação e recarga.

3. Não se sinta culpado quando aproveitar uma zona livre de metas. Mas você também não pode se estressar. Permita a si mesmo um intervalo de 10 a 15 minutos a cada noventa minutos. Estudos científicos demonstram que o organismo humano funciona melhor quando são feitos intervalos a cada noventa minutos.

4. **Operação de substituição da meta** significa fazer a pergunta: "Minhas metas são realmente minhas?" Muita gente está indo atrás de metas que não querem mais ou que nem sequer eram delas.

5. Se identificar metas impossíveis, metas de outra pessoa ou metas desatualizadas que você esteja tentando alcançar, simplesmente abandone-as — e dê a si mesmo permissão para ir atrás do que realmente quer.

Próximas ações: Liste três coisas que você pode fazer a partir deste capítulo nos próximos sete dias para usar as zonas livres de metas e realizar a operação de substituição da meta em sua vida pessoal e profissional.

1. _____

2. _____

3. _____

AS 10 PRINCIPAIS AFORMAÇÕES PARA O PASSO 4:

1. Por que eu gosto de usar zonas livres de metas?

2. Por que tenho permissão para me desligar?

3. Por que posso relaxar e me renovar todos os dias?

4. Por que assumo responsabilidade por renovar minha energia?

5. Por que consigo apoio para renovar minha energia?

6. Por que eu gosto de batalhar pelo que realmente quero?

7. Por que tenho permissão para ser quem realmente sou?

8. Por que posso ser, fazer e ter o que realmente quero na vida?

9. Por que assumo total responsabilidade por viver meus sonhos?

10. Por que tenho permissão para ser quem realmente sou e alcançar o sucesso?

CAPÍTULO 8

Passo 5: Quem você está tentando proteger, punir ou agradar?

"Não aqueça demais uma fornalha para seu inimigo para não correr o risco de se chamuscar."
WILLIAM SHAKESPEARE

Barbara havia investido dezenas de milhares de dólares e vários anos de sua vida tentando ser mais bem-sucedida. Ela era inteligente, divertida, motivada e estava agora trabalhando em uma empresa de vendas diretas que oferecia ótimos programas de treinamento. Depois de ter trabalhado por quase 10 anos na televisão, ela certamente não se sentia intimidada em conversar com as pessoas. No entanto, por algum motivo, simplesmente não conseguia alcançar o nível de sucesso de que sabia ser capaz.

QUEM VOCÊ ESTÁ TENTANDO PROTEGER?

Talvez o motivo subconsciente mais oculto pelo qual nos privamos do sucesso é que estamos *inconscientemente tentando proteger alguém de nosso próprio sucesso*. Sei que essa é uma das frases mais estranhas deste livro. Apesar disso, este fenômeno afeta milhões de homens e mulheres e, praticamente em todos os casos, isso ocorre sem seu conhecimento consciente.

Por exemplo, quando fiz à Barbara a pergunta "Quem você está tentando proteger que a impede de alcançar o sucesso?", despertou nela o fato de que *ela estava se privando de alcançar o sucesso para proteger seu marido*. Barbara percebeu, pela primeira vez, que tinha receio de se tornar verdadeiramente bem-sucedida, pois sabia que o ego de seu marido poderia ficar ferido. E se ele não a amasse mais? E se a abandonasse?

Está vendo como todos esses medos ocultos resultam em um imenso motivo por que não fazer algo?

Naturalmente, como Barbara estava inconscientemente se privando do sucesso, ela não tinha a mínima ideia do motivo

Passo 5: Quem você está tentando proteger, punir ou agradar? 221

pelo qual agia assim. É por isso que tentar proteger alguém de seu sucesso é um dos mais difíceis motivos por que não fazemos algo que devemos identificar.

Os medos de Barbara eram mais ou menos assim: "E se eu for bem-sucedida e meu marido ficar com ciúme de mim? E se ele não gostar do que eu faço? E se eu alcançar um sucesso muito grande e ele se separar de mim?" Repito que ela não sabia que estava tendo esses pensamentos; ela não havia reconhecido seu próprio lixo mental. No entanto, ele estava lá, impedindo-a de alcançar o sucesso em uma tentativa de proteger seu marido; e, no fim, de *proteger a si mesma* da dor do abandono.

EXERCÍCIO: QUEM VOCÊ ESTÁ TENTANDO PROTEGER?

Quem estou tentando proteger	Por quê?	Como isso me ajudou

Observe essas três colunas. Primeiro temos "Quem estou tentando proteger?". No exemplo de Barbara, a resposta seria *"Estou tentando proteger meu marido de eu ser mais bem-sucedida do que ele"*.

A segunda coluna é, simplesmente, "Por quê?" Por que você está fazendo isso? A resposta de Barbara: *"Porque tenho receio de que meu marido fique com ciúme de mim e me abandone se eu for mais bem-sucedida do que ele."*

Finalmente, relacione como tentar proteger essa pessoa o ajudou. A resposta de Barbara foi mais ou menos assim: *"Não preciso ter medo de que meu marido fique com ciúme de mim se eu não for bem-sucedida. Se eu não alcançar o sucesso, do que ele poderá ter ciúme? Então vou me manter discreta. Assim protegerei a mim e a ele."*

Sei que isso parece ir totalmente contra qualquer intuição e não é algo lógico, mas, assim como o Sr. Spock declarou em *Jornada nas Estrelas*, o que foi que o levou a pensar que os seres humanos são lógicos?

Você também pode estar tentando proteger sua família de seu sucesso. O pensamento subconsciente age mais ou menos assim:

"Noah, e se eu alcançar um sucesso muito grande e precisar ficar longe de meus filhos? E se eu começar a ser muito bem-sucedido e precisar viajar o tempo todo? Eu poderia perder os jogos de futebol de meus filhos, os recitais de balé e, o pior de tudo, eu deixaria de acompanhar o crescimento deles."

Entendo por que você se sentiria assim; e quando você raciocina desse jeito, isso não faz um sentido perfeito do motivo pelo qual você está se privando do sucesso? Então, como privar-se do sucesso o ajudou?

A resposta: se você não for muito bem-sucedido, vai poder ficar em casa com sua família o tempo todo.

Veja, não estou lhe dizendo o que é o sucesso. Não estou dizendo que se não for milionário, então você não será bem-sucedido. Não tenho nada com isso, e ninguém também tem nada com isso. A escolha é sua.

Não estou preocupado em saber que tipo de carro você dirige, onde mora, qual é o tamanho de sua casa ou quanto dinheiro você ganha. Estou dizendo isso de uma maneira bem afetuosa.

Meu objetivo é que você tome a decisão — não sua reflexão negativa! A partir do momento em que tirar o pé do freio e seguir na direção em que realmente quer ir, aí então terá permissão de ser e fazer qualquer coisa que você — não seu lixo mental — escolher. Esta é uma distinção enorme e fundamental que você agora pode fazer por si mesmo.

QUEM VOCÊ ESTÁ TENTANDO PUNIR?

Agora, isso é esquisito. Por que tentaríamos *punir* alguém *nos privando* de alcançar o sucesso? Deixe-me dar um exemplo.

Quando tinha 20 e poucos anos, eu morava em Hollywood. Lembro-me de um dia perceber que estava zangado com meus pais por não me darem apoio do jeito que achava que deveriam dar. Naquele dia, percebi também que eu havia passado vários anos, inconscientemente, tentando puni-los!

Para ajudar você a entender isso, veja qual foi a minha "lógica": "*Estou com raiva de meus pais porque eles não fizeram o que eu queria que fizessem. Então vou puni-los não alcançando o sucesso, assim eles não vão poder apontar para mim e dizer que fizeram um excelente trabalho como pais. Ha! Vou mostrar a eles!"*

Que benefício eu obtive com isso? Simples. Precisei continuar com minha raiva e nunca sair de minha zona familiar. (Caso você esteja se questionando se eu era uma pessoa feliz e bem-sucedida naquela época... hum ... está certo!)

Quero que você escreva esta frase em letras grandes e a coloque sobre sua mesa:

O PODER DO "VOCÊ VAI VER SÓ"

Jamais subestime o poder do "você vai ver só". Essas quatro palavrinhas têm levado mais gente a fracassar do que qualquer outra coisa no mundo. Ironicamente, essas mesmas quatro palavrinhas também já levaram muito mais gente ao sucesso do que qualquer outra coisa no mundo. Por quê? Porque: *"Disseram que eu não ia conseguir. Ah, é? Vocês vão ver só!"*

Por exemplo, praticamente todo mundo disse a Mary Kay Ash que ela não ia conseguir. Como uma mulher, em 1963, queria abrir uma empresa de cosméticos? Seu contador e seu advogado disseram que ela estava louca. As pessoas ao seu redor disseram que ia perder tudo. Para completar, poucos dias antes da inauguração da empresa, o marido dela morreu de repente e de forma inesperada. No entanto, Mary Kay era incentivada por quatro palavras poderosas: você vai ver só. Com sua empresa, que hoje tem um faturamento superior a 5 bilhões de dólares, acho que todos viram.

Podemos pensar em dezenas de pessoas bem-sucedidas que alcançaram o sucesso por causa dessa frase quando todas as outras pessoas diziam que não seria possível. Quando alguém diz "Você nunca será capaz de fazer isso", essa frase tanto pode desencorajá-lo quanto levá-lo ao sucesso. Talvez algumas pessoas tenham rido de você quando você se sentou para tocar piano, acertou uma bola de beisebol com seu taco ou iniciou seu próprio negócio... e talvez isso tenha lhe dado a atitude de "você vai ver só".

Então, você pode aproveitar a força do "você vai ver só". Não a use para se recriminar ou para se privar. Use-a para se permitir alcançar o sucesso. Jamais subestime a força do "você vai ver só"!

EXERCÍCIO: QUEM VOCÊ ESTÁ TENTANDO PUNIR?

Quem estou tentando punir	Por quê?	Como isso os magoou

QUEM VOCÊ ESTÁ TENTANDO AGRADAR?

Agora vamos ver o terceiro motivo subconsciente pelo qual as pessoas se impedem de ser bem-sucedidas — a necessidade subconsciente de agradar outras pessoas alcançando o sucesso ou não. Essa pergunta é a única pela qual você tanto pode ter sucesso quanto *não ter sucesso*. Com as outras duas perguntas, você está tentando proteger ou punir a si mesmo ou a outras pessoas ao privar-se de alcançar o sucesso. No entanto, com esta pergunta, você pode estar tentando agradar outras pessoas ao alcançar sucesso ou não se permitindo alcançá-lo.

Por exemplo, muitos de meus alunos que se tornaram muito ricos, porém muito infelizes, me disseram que trabalharam incansavelmente para alcançar o sucesso para que pudessem conseguir a aprovação de outra pessoa, normalmente o pai ou a mãe. Por outro lado, outros alunos se privaram de ter sucesso tentando agradar alguém

A verdadeira pergunta em ambos os casos é: do que você verdadeiramente tem medo? Se for realmente honesto consigo mesmo, descobrirá que, na realidade, tem medo da *desaprovação das outras pessoas*, ou de *não parecer bem* para o mundo lá fora.

As pessoas podem dizer o que quiserem, e normalmente dizem. A questão é: por que você deixa que isso o afete? É porque tem medo da desaprovação de alguém?

Se você estiver jogando a culpa nas costas de outras pessoas dizendo "Fulano de tal fez isso para mim", então você está sendo uma vítima e não tem o poder de mudar — e isso não é aceitável. Você tem esse poder, e está na hora de reivindicá-lo.

EXERCÍCIO: QUEM VOCÊ ESTÁ TENTANDO AGRADAR?

Quem estou tentando agradar	Por quê?	Do que eu realmente tenho medo

COMO SUPERAR QUALQUER MEDO

Você realmente sabe o que é o *medo*?

Medo é uma emoção causada pela *expectativa de dor*.

Sei que você estava esperando algum velho clichê. Mas medo não é isso.

Medo é uma emoção humana muito real que ocorre quando você antecipa ou espera que algo possa magoá-lo ou machucá-lo. Se você tem medo de alguma coisa, então está dizendo a si mesmo "Ei! E se eu me machucar com isso?" Ironicamente, a emoção do medo existe para proteger você, mas também pode impedi-lo de crescer.

Experimentamos o sentimento do medo quando *percebemos que não estamos no controle*. Medo é o efeito emocional da ausência do controle pessoal sobre uma situação. Portanto, existe um relacionamento inverso entre controle e medo. Quanto mais controle tivermos sobre nossa situação, menos medo sentiremos.

Se quisermos realmente superar o medo, precisamos de uma ferramenta que nos possibilite ganhar, manter e proteger nosso controle pessoal. Esse é outro motivo pelo qual inventamos o pacote do poder da liberdade, porque ele lhe dá três estratégias de controle pessoal:

1. Estratégias de manutenção para *manter* o controle.
2. Estratégias de realce para *melhorar* o controle.
3. Estratégias de contingência para *reassumir* o controle se o perdermos.

Como é que você pode se libertar do medo? Uma ótima maneira de superar o medo é *aceitar a dor que você poderia sentir como resultado de suas ações*. O que vai acontecer se aquela pessoa desaprovar seu ato? Você vai morrer? Pelo que estamos sabendo, ninguém jamais morreu por desaprovação.

Claro, você pode sentir alguma dor quando alguém desaprova o que você faz — grande coisa. Novidade: você já está sentindo dor de uma forma ou de outra! Então é melhor seguir em frente e tentar enfrentar qualquer coisa que o faça ter medo. Talvez você até comece a achar que as palavras de Ralph Waldo Emerson eram eminentemente verdadeiras: "Em nosso

Passo 5: Quem você está tentando proteger, punir ou agradar? 229

íntimo, todos nós sabemos que, do outro lado do medo, está a liberdade."

UMA RÁPIDA RECAPITULAÇÃO

1. Muitas pessoas se privam inconscientemente de alcançar o sucesso porque estão tentando proteger, punir ou agradar alguém.
2. Para deixar de fazer isso, primeiro pergunte a si mesmo: "Quem estou tentando **proteger** sendo menos do que sou?"
3. Então, pergunte a si mesmo: "Quem estou tentando **punir** ao me privar de ser bem-sucedido?"
4. Finalmente, pergunte a si mesmo: "Quem estou tentando **agradar** ao alcançar o sucesso ou não?
5. Pare de tentar proteger, punir ou agradar outras pessoas com seu sucesso percebendo a "recompensa" que você recebeu com seu comportamento, e então dê a si mesmo permissão para ser tão bem-sucedido quanto quiser.

Próximas ações: Liste três coisas que você pode fazer nos próximos sete dias para deixar de tentar proteger, punir ou agradar outras pessoas com relação ao seu sucesso.

1. _____

2. _____

3. _____

AS 10 PRINCIPAIS AFORMAÇÕES PARA O PASSO 5:

1. Por que deixei de proteger outras pessoas com meu sucesso?

2. Por que deixei de punir outras pessoas não sendo bem-sucedido?

3. Por que deixei de tentar agradar outras pessoas não sendo bem-sucedido?

4. Por que parei de tentar agradar as pessoas me privando de alcançar o sucesso?

5. Por que tenho permissão de ser, fazer e ter exatamente o que quero na Terra?

6. Por que sou tão feliz?

7. Por que não tenho mais medo de ser verdadeiramente feliz e realmente rico?

8. Por que eu me dou permissão para ser tão bem-sucedido quanto realmente quero?

9. Por que eu gosto de ser a pessoa realmente bem-sucedida que sempre quis ser?

10. Por que sou suficientemente bom exatamente do jeito que sou?

CAPÍTULO 9

Passo 6: Encontre seu Não

"Existem muitas estradas para o sucesso, porém somente uma estrada certa para o fracasso — e ela é tentar agradar a todos."

BENJAMIN FRANKLIN

Alguma vez você já se sentiu culpado por dizer não às outras pessoas? Quando alguém lhe faz pedidos, você os trata como se fossem ordens a serem obedecidas? Muita gente perdeu seu Não — sua habilidade de dizer não e não se sentir culpada por isso. Somos educados para sermos simpáticos e fazer favores para os outros. Isso é correto, porque a sociedade não funcionaria muito bem se as pessoas simplesmente fizessem o que quisessem o tempo todo.

No entanto, algumas pessoas chegam a exagerar na simpatia e simplesmente não conseguem dizer não! Os Três Por Cento, por outro lado, entendem a importância de se manterem fiéis à sua agenda quando as agendas das outras pessoas divergem da sua.

As pessoas felizes e bem-sucedidas aprenderam como dizer não sem serem desagradáveis. Quando conseguir fazer isso com um sorriso no rosto, você terá dominado um dos passos mais importantes de *O código secreto do sucesso*.

ENCONTRE SEU NÃO

Estamos agora no Passo 6, que é **encontre seu Não**. Como tantas pessoas perderam seu Não, é essencial reencontrá-lo. Agora, eu poderia simplesmente lhe dizer: "Muito bem, é importante dizer não. Entendeu?" Mas o assunto é muito mais complicado que isso. Professores de programas tradicionais de autoajuda podem ter falado sobre a importância de dizer não, mas não nos mostraram *como fazer isso*.

Trabalhando com milhares de alunos em meus seminários e programas de treinamento, cheguei à conclusão de que não é tão fácil quanto parece dizer não. Se fosse, não existiriam tantos capachos ou bajuladores por aí!

Depois de trabalhar com inúmeras pessoas que perderam seu Não, concluí que existem três aspectos distintos em encontrar seu Não que você deve dominar se quiser parar de ser um bajulador e começar a viver a vida que merece. Você precisa **encontrar seu Não pessoal, encontrar seu Não interpessoal** e **encontrar seu Não global**. Vamos ver cada um deles, nessa ordem...

ENCONTRE SEU NÃO PESSOAL

Embora saibamos que muitas pessoas têm problema em dizer não às outras, alguma vez já lhe ocorreu que talvez você tenha problema em dizer não a *si mesmo*? Em um capítulo anterior, falamos sobre o fato de que os três únicos recursos que temos na Terra são tempo, energia e dinheiro. Bem, e se você estiver fazendo coisas que desperdicem seus preciosos recursos humanos? Você vai conseguir chegar aonde quer? Talvez, mas, certamente, vai demorar muito mais do que precisa.

Para *encontrar seu Não pessoal* você deve examinar as atividades que está exercendo e determinar quais você permitiu que drenassem seu tempo, seu dinheiro ou sua energia. Nós vimos seu sistema de atividades no Passo 3 — mas será que você já instalou adequadamente esse sistema?

EXERCÍCIO: ENCONTRE SEU NÃO PESSOAL

1. Atividades que drenam tempo, dinheiro ou energia que estou exercendo: (Exemplos: procrastinação, fumo, preocupação, excesso de alimentos etc.)

2. Por que estou exercendo essas atividades, e o que isso está me CUSTANDO:

3. MELHORES USOS de meus recursos de tempo, dinheiro e energia:

4. AÇÕES que posso executar para redistribuir meus recursos para conseguir o que realmente quero:

Seja honesto. Você está adiando seus compromissos? Está fumando? Está comendo em excesso? Comendo menos do que precisa? Gastando em farras e bebedeiras? Passando tempo demais na internet ou com e-mails?

Quando pergunto às pessoas em meus seminários quantas delas têm problema de procrastinação, cerca de 80% delas levantam as mãos. Por que adiamos nossos compromissos e por que isso é tão custoso para seu sucesso? A procrastinação é, pura e simplesmente, causada pelo medo. Medo de quê? Depende. Você pode ter medo de não conseguir o que quer, e pode ter medo de *conseguir* o que quer!

Depois de ter relacionado as atividades que estão drenando seu tempo, seu dinheiro ou sua energia, quero que você dê uma boa olhada nessa lista e pergunte a si mesmo: "Por que estou fazendo essas coisas, e quanto isso está me custando?"

Por exemplo, por que você adia seus compromissos? A única resposta é medo, mas medo do quê? Você tem medo de desaprovação? Medo do fracasso? Medo do sucesso? Você tem medo de que as pessoas não gostem de você, medo da rejeição? Você pergunta a si mesmo "E se isso não funcionar?" ou mesmo "E se eu alcançar um sucesso *muito* grande?"

Em todo este livro, tenho lhe mostrado que nos privamos de alcançar o sucesso porque temos medo de sair de nossa zona familiar. Não há nada de errado em ter medo, mas você precisa fazer a si mesmo a próxima parte da pergunta: *Quanto isso está me custando?*

Dizer que está lhe custando centenas de milhares de dólares é, provavelmente, muito realista. Se você não valorizar seu próprio tempo, seu dinheiro ou sua energia, o custo durante toda sua vida pode ser vertiginoso. E se você fuma? *"Eu fumo porque estou viciado."* Se esse for o caso, o que está causando esse vício? E quanto isso está lhe custando?

Talvez você seja viciado em cafeína ou chocolate. Quero que você seja bem honesto consigo mesmo. Não estou dizendo que não possa desfrutar do sabor de uma xícara de café ou de uma barra de chocolate. No entanto, o que estou dizendo é que muitas pessoas estão a um *mochafrappelattechino* de distância de serem milionárias. Cada uma dessas bebidas idiotas custa cerca de 9 reais. Você realmente precisa disso?

Se quiser realmente melhorar sua situação, some quanto você gasta com cafés, refeições em restaurantes ou farras e bebidas durante o curso de um, cinco ou dez anos. Não estou tentando dizer como deve viver sua vida. Só estou convidando você a se perguntar: "Essa atividade está me ajudando a ganhar dinheiro ou está drenando meu dinheiro? Está me ajudando a ganhar energia ou a perder minha energia? Está me ajudando a ganhar tempo ou a perder tempo?"

A próxima pergunta é: "Como posso usar de forma melhor meus recursos de tempo, dinheiro e energia?" Pergunte a si mesmo: "Posso pegar os 9 reais por dia, 45 reais por semana, 2.160 reais por ano que estou gastando com bebidas e fazer alguma coisa mais produtiva com esse dinheiro?" O fato é que *você sabe o que precisa fazer*. Você, simplesmente, não quer admitir que sabe.

Você poderia pensar "Isso não é nada, Noah", mas pode zerar um cartão de crédito com esse dinheiro. Pode fazer um pagamento extra de sua hipoteca. Você tem os recursos à sua disposição. A questão é: como usá-los melhor?

Quais são as formas para melhorar o uso de seus recursos de tempo, dinheiro e energia? Todo mundo diz "Vou fazer aquilo quando tiver mais tempo, dinheiro e energia", mas você nem ao menos está usando corretamente o que tem agora!

COMO USAR O QUE VOCÊ TEM (CORRETAMENTE)

Você tem X dinheiro, X tempo e X energia, e vive dizendo que seria bom se tivesse Y e Z. Mas como você pretende ganhar Y e Z quando nem ao menos está usando X corretamente?

Quer acredite ou não, é você quem decide onde, como e por que seu dinheiro é gasto. O dinheiro não sai andando por aí dizendo "Ei, acho que vou me gastar aqui." É você quem retira seu cartão de crédito da carteira. É você quem tira o dinheiro do banco. O dinheiro não pode pensar por si mesmo. Você é quem pensa por ele. Então vamos começar a pensar para depois passar a agir de forma adequada. É neste ponto que passamos para a próxima pergunta: "Que AÇÕES eu posso exercer para redistribuir meus recursos para conseguir o que realmente quero?"

Note que não estou lhe dizendo que precisa ganhar 1 milhão de dólares para ser rico e feliz. Não, isso não acontece desse jeito. Sei que esta vai ser uma das coisas mais óbvias que eu poderia dizer porque, francamente, quando ouvi esta verdade pela primeira vez, achei-a tão estupidamente óbvia que nem dei atenção. Mas, de qualquer jeito, aqui está ela:

As pessoas ricas são ótimas em administrar seu dinheiro.

Eu sei que sua reação será: "Não me diga!", mas, algumas vezes, deixamos de ver justamente o que é óbvio. Quando a ouvi pela primeira vez, minha reação foi: "Sim, e daí?" Então eu disse: "Espere, vamos dar um tempo. Preste atenção nessa afirmação, Noah. Você não está fazendo as coisas que os multimilionários fazem. Então como espera se tornar um deles?"

Então percebi: "Você está dizendo a si mesmo que é uma vítima aqui, e que não tem qualquer escolha. Mas você tem uma escolha. Precisa aprender a administrar seu dinheiro como os ricos fazem." Foi então que comecei a passar muito tempo com pessoas muito ricas, que também eram felizes e divertidas, e toda minha visão do dinheiro e de como administrá-lo começou a mudar.

Não vou entrar no assunto da administração do dinheiro. Isso não faz parte deste curso. Muita gente fala sobre isso, então recomendo que você faça seu dever de casa a respeito desse tópico. A questão é que é preciso entender que *você* é quem manda no seu dinheiro; o dinheiro não manda em você. *Você* é quem assina os cheques. *Você* é quem apresenta o cartão de crédito; ele não sai sozinho de sua carteira. Essas são suas AÇÕES, e suas crenças levam a essas AÇÕES.

COMO DISTRIBUIR SEUS RECURSOS

Assim, quando olhar para a pergunta "Que AÇÕES eu posso executar para redistribuir meus recursos de tempo, dinheiro e energia?", anote o que você pode fazer de maneira diferente; o que pode fazer que pessoas ricas e felizes já fazem para administrar seus recursos. Se não souber a resposta, procure ter contato com pessoas ricas e felizes e veja por si mesmo o que elas fazem.

Por pior que a situação pareça estar, você sempre pode encontrar em sua comunidade ou em sua rede de pessoas conhecidas alguém que esteja se dando bem. Entre em contato com essa pessoa e diga: "Notei que você sabe administrar muito bem seu dinheiro e eu realmente o admiro. Quero fazer algumas mudanças em minha vida e estava imaginando se poderia pedir seu conselho. Será que você pode se sentar comigo e dar uma olhada no meu orçamento? Não sei para onde todo meu dinheiro está indo. Você pode me ajudar?"

Qual é a pior coisa que essa pessoa pode lhe dizer? "Não." E então você não estará em pior situação do que estava antes! Mas se você perguntar de um lugar de reconhecimento genuíno (lembra-se dos dois primeiros itens de seu sistema de pessoas?), ela dirá que sim.

Você percebe como todos os passos deste sistema funcionam em conjunto? É por isso que este é um sistema e não um punhado de ideias jogadas ao acaso. Lembre-se, os Três Por Cento já estão fazendo isso, embora talvez não saibam. Vamos passar agora para o próximo aspecto de encontrar seu Não...

ENCONTRE SEU NÃO INTERPESSOAL

O primeiro passo foi um Não de você para você. Agora, você está dizendo não para os outros. É aí que você vai *encontrar seu Não interpessoal*. Quando as pessoas lhe passarem demandas que você simplesmente não pode ou não quer fazer, está em seu poder dizer não. Uma coisa que já ensinei a milhares de pessoas em meus seminários é usar o método de três passos: **detectar, desviar** e **refletir** para encontrar seu Não interpessoal.

EXERCÍCIO: ENCONTRE SEU NÃO INTERPESSOAL

Detectar (Vejo a demanda)	Refletir (Pergunto o que está por trás disso)	Detectar (Uso a sinergia)

Dividi este passo em seus componentes essenciais porque eu costumava ser um capacho — um bajulador, um cara simpático com a autoestima muito baixa. E como eu não tinha autoestima, tentava fazer com que todos gostassem de mim. O problema era, como o velho e bom Benjamin Franklin dizia, "existem muitas estradas para o sucesso, porém somente uma estrada certa para o fracasso — e ela é tentar agradar a todos". Como era isso que eu estava fazendo, eu estava na estrada certa para o fracasso... Pensando bem, já havia chegado lá.

Ao criar *O código secreto do sucesso*, percebi o seguinte: "Espere um minuto. Se você observar as pessoas ricas e felizes, verá que elas não têm qualquer problema em dizer não. Imagine quanta gente vive pedindo ao Bill Gates alguma coisa todos os dias. Quanto mais rico e mais bem-sucedido você ficar, maior será a quantidade de demandas feitas a você. Assim, você não pode, verdadeiramente, ser feliz e rico sem ser capaz de dizer não."

Nesse ponto da minha vida, eu nem ao menos tinha conhecimento de todas as maneiras pelas quais eu dizia sim quando, na verdade, queria dizer não. Foi quando percebi que o primeiro passo para dizer não aos outros é simplesmente *tomar consciência de que alguém está lhe pedindo para fazer alguma coisa, e que você pode dizer não ou sim para essa solicitação.*

Tenho certeza de que isso soa ridiculamente óbvio para aquelas pessoas que não têm qualquer problema em dizer não. Para o restante de nós, isso pode ser a maior conscientização de nossas vidas. Assim como o cachorro de Pavlov, quando alguém me pedia para fazer alguma coisa, eu a fazia sem pensar. Pediam e eu fazia. Pediam e eu fazia. Pediam e eu fazia. Não havia qualquer raciocínio por trás de minhas ações. Era uma *reação*, e não uma *resposta*.

DETECTAR — TOMAR CONSCIÊNCIA

Assim, o primeiro passo é *detectar*: "Ei, alguém está me pedindo para fazer alguma coisa aqui." O próximo passo é *desviar*. O que isso significa? A ideia básica é classificar a solicitação naquilo que realmente querem que se faça. "O que estão me pedindo para fazer?"

Imagine alguém em pé à sua frente lhe pedindo para fazer alguma coisa. Agora que pode detectar o que acontece, você está vendo o pedido vindo em sua direção, mais ou menos como uma flecha. Então, você desvia aquela flecha. Assim, imagine aquela flecha fazendo uma conversão de 180 graus. Ela não o atinge, mas faz um desvio bem à sua frente e vai de volta a quem lhe fez o pedido.

COMO DESVIAR A FLECHA

Você pode desviar perguntando àquela pessoa: "O que, exatamente, você quer dizer com isso? Fale-me mais sobre isso. Por que você quer isso? Ajude-me a entender o que você está procurando." Você se transforma no Detetive Columbo — o personagem da série de TV norte-americana que solucionava todos os mistérios fazendo uma série de perguntas "bobas" que outras pessoas se sentiriam envergonhadas de fazer. Você não precisa "ter vergonha" de fazer perguntas que ninguém faz. Eu levo uma vida muito boa fazendo perguntas bobas!

A partir do momento em que você tiver desviado o curso daquela flecha, o passo final na trilogia é *refletir*. É quando você envia a flecha diretamente de volta à pessoa que lhe fez o pedido e usa a *sinergia*. Você procura se aprofundar no pedido e descobre o que realmente está acontecendo.

Você poderia dizer: "Eu gostaria muito de fazer o que você está pedindo, mas não vou poder dar a atenção que isso merece. Assim vou ter de recusar agora. No entanto, conheço alguém que talvez possa ajudar você..."

O PASSO DA SINERGIA

Quando você diz não, quando realmente quer dizer não, na verdade está fazendo um favor à outra pessoa — porque não só protegeu seu tempo, como também protegeu seu relacionamento. Alguma vez você já disse sim quando queria dizer não e acabou *se decepcionando com a outra pessoa*? Você está balançando afirmativamente a cabeça, não está?

Quando você diz não de uma forma que proteja o orgulho da outra pessoa, mas também proteja seu tempo, você também protege o relacionamento. Você também pode ser espalhafatosamente óbvio, dizendo: "Se eu disser sim ao que você quer, vou acabar me decepcionando com você, e nossa amizade é muito importante para mim. É por isso que vou ter de dizer não."

Já que seu tempo é o bem mais valioso que você tem, ele não deveria ser protegido com sua vida? Lembra-se daquela comissão da qual você realmente não gostaria de participar, ou daquele evento ao qual você aceitou ir, mas que na verdade não gostaria de ir? Você está balançando afirmativamente a cabeça outra vez, não está?

Naturalmente existem muitos momentos na vida em que não podemos simplesmente dizer não — por exemplo, quando fala com seu chefe ou quando esperam que você faça coisas em seu trabalho. No entanto, o ponto é que, quando você encontrar seu Não, poderá também descobrir que pode iniciar a transição de fazer coisas que esvaziam seu tanque para passar a fazer mais das coisas que enchem seu tanque.

A questão essencial aqui é que, se você não valorizar seu tempo, ninguém mais vai valorizá-lo. Alguma vez você já notou que existem certas pessoas em sua vida para as quais você aprendeu a não pedir coisas porque elas quase sempre dizem não? Elas tiveram a sorte de encontrar seu Não. Você pode aprender muitas coisas com alguém assim. Não estou sugerindo que você deva se transformar em um avarento egoísta, mas não há dúvida de que podemos aprender muita coisa com um avarento!

AS 10 FRASES IMPORTANTES PARA ENCONTRAR SEU NÃO INTERPESSOAL

Os Três Por Cento entendem a importância de dizer não, mesmo quando outras pessoas estão exigindo um sim. Frequentemente, o simples fato de ter as frases corretas na ponta da língua pode ajudar, porque então você não vai precisar inventar alguma coisa em cima da hora. Use essas frases-chave como um ponto de partida para encontrar seu Não interpessoal:

1. Eu gostaria muito de ajudar, mas estou recuperando o tempo que perdi nessa área.

2. Que tal conversarmos sobre isso no ano que vem?

3. Eu gosto de agendar esse tipo de solicitação com vários dias de antecedência; será que você pode se programar para isso?

4. Entendo a urgência de seu pedido, mas não estou preparado para responder a emergências.

5. Isso parece ser muito divertido! Mas não é para mim.

6. Por que você está insistindo tanto?

7. Entendo que existirão consequências quando eu disser não a isso, mas estou disposto a aceitá-las.

8. Você tem sido muito bom para mim, mas preciso dizer não a isso. Há mais alguma coisa que eu possa fazer?

9. Esse é o tipo de coisa pela qual não posso me responsabilizar nesta encarnação.

10. Eu gostaria de bater um papo com você, mas esta é uma parte do meu dia útil e estou concentrado em ganhar dinheiro. Que tal esta noite?

A habilidade de discordar sem ser desagradável é uma aptidão adquirida que é muito simples e está bem longe da complexidade. Seria simplista aconselhar: "Diga não." Isso é simples, mas está *perto* da complexidade; estar *bem longe* da complexidade significa dar esses passos, porém mantendo a simplicidade. Fiz a divisão para que você possa perceber: "Puxa, eu nem ao menos havia percebido quanto estava dizendo sim quando queria dizer não. Agora posso seguir os passos para encontrar meu Não, comigo mesmo e com as outras pessoas, também."

O que nos leva ao aspecto final de encontrar seu Não...

ENCONTRE SEU NÃO GLOBAL

Muito bem, já cobrimos seu Não pessoal e seu Não interpessoal. Agora chegou a hora de *encontrar seu Não global*. Seu Não global significa que você sabe qual é seu propósito na Terra, e está comprometido a se manter no caminho certo, mesmo quando for fácil e tentador sair dele.

Quando você conhece seu **derradeiro Sim** — seu propósito ou sua missão (que cobriremos no próximo passo) —, fica muito mais fácil dizer não ao que não é verdadeiramente importante e ao que não se ajusta à sua missão. Seu Não global trata de uma questão fundamental, a questão da *integridade*.

COMO AGIR COM INTEGRIDADE

Quando age com integridade, você é quem diz ser e não se desvia disso. O problema é que, em nossa sociedade moderna, é muito fácil nos desviarmos e tentarmos pegar um atalho. A palavra *Enron* significa algo para você? Podemos abrir qualquer jornal e ver reportagens sobre como pessoas e empresas tentaram pegar atalhos para obter mais lucros. No entanto, a questão é que pessoas administram empresas; as empresas não se autoadministram.

Sempre existem atalhos. Sempre existem coisas que vão fazer você pensar: "Hum, eu poderia fazer isso e ninguém descobriria." O engraçado é que, mais cedo ou mais tarde, um ato leviano acaba sendo descoberto. Se você se desviar da integridade, alguém, algum dia, vai descobrir. Acredite em mim, estou falando por uma dolorosa experiência própria.

COMO DIZER NÃO, NÃO E NÃO

Quando trabalhei como temporário em Los Angeles, fui designado para exercer o cargo de secretário em alguns dos grandes estúdios de cinema. Como não tinha muito dinheiro, eu muitas vezes pegava artigos de escritório, canetas e coisas assim. Basicamente, qualquer coisa que coubesse em minha mochila de pano grosso era válida. Eu imaginava: "Ei, esses caras são ricos e estou falido; quem vai sentir falta dessas coisas? E eu *mereço* pegar isso porque estou trabalhando muito e recebendo pouco." Na verdade, eu me convenci de que *merecia* aquelas coisas pelas quais não estava pagando!

Mas então uma coisa esquisita começou a acontecer várias e várias vezes. O padrão era sempre o mesmo: meus chefes gostavam de mim porque eu trabalhava com vontade. Eles tentavam me efetivar como empregado em tempo integral. Porém, toda vez acontecia algo e eu jamais conseguia o emprego. Outra pessoa com menos qualificações ocupava a vaga e eu voltava para a agência de serviços temporários, passando de um emprego para outro.

Ainda posso me lembrar de uma ocasião em que trabalhei em um determinado escritório por quase seis meses — é muito tempo para um trabalhador temporário! Fiz amizade com as pessoas no departamento e elas diziam: "Ah, definitivamente, você vai ser efetivado nesse cargo!" Naturalmente, quando chegou a hora de transformar o serviço temporário em um cargo em tempo integral, efetivaram outra pessoa.

Depois de muitas, *muitas* experiências como essa, comecei a me preocupar em saber que diabos estava acontecendo. "Como é que pode, se eu sou tão bom, como nunca sou efetivado?", perguntei a mim mesmo. Nessa ocasião, iniciei meus estudos em Direito Universal para saber como nossos pensamentos criam nossa vida. Eu jamais havia percebido como meus pensamentos, minhas crenças e minhas ações estavam criando minha vida; eu achava que era uma vítima e que Deus não gostava de mim.

Um dia, percebi que, ao roubar pequenas coisas, eu estava dizendo a Deus: "Eu não tenho dinheiro, assim preciso roubar dos outros." Minhas ações estavam dizendo, "Eu não tenho." E Deus refletia de volta, "Muito bem, você não tem." Assim como eu estava *tirando dos outros*, algo estava sendo *tirado de mim*.

PARTINDO DE "EU TENHO"

No dia seguinte, o telefone tocou — era a empresa de serviços temporários me oferecendo um novo cargo no estúdio de cinema de maior prestígio da cidade. Fui até lá e me mostraram minha baia e minha mesa. Então, minha chefe me mostrou a Terra Santa — o armário com o estoque de artigos de escritório. Com aproximadamente o tamanho de Montana, ele estava cheio de todos os produtos de escritório que você pode imaginar. Acho que, na verdade, aquele armário deveria ser a locação original de algum filme sobre grampeadores.

Muito bem, talvez eu esteja exagerando um pouco, mas dá para você ter uma ideia. O fato é que ela literalmente disse, e juro que não estou inventando isso: "Pode pegar qualquer coisa de que você precisar." Qualquer coisa de que eu precisar?! Vou precisar de uma mochila maior!

Enquanto permaneci ali salivando, lembrei-me do que, finalmente, eu havia percebido. "Se você continuar partindo de "eu não tenho", vai continuar *não tendo*. É isso que você realmente quer para sua vida, Noah?"

Quando minha chefe se afastou, deixando-me diante dos portões do paraíso dos materiais de escritório, minhas mãos, trêmulas, lentamente fecharam as portas. E eu nunca mais tirei qualquer coisa daquele armário — nem mesmo um clipe para papéis.

Você talvez ache que esta é uma história muito ingênua e um exemplo bobo de como não viver sua vida. Mas depois daquele incidente, comecei, pela primeira vez, a me perguntar realmente o que eu queria fazer com a vida. E percebi que queria ensinar pessoas e escrever livros... embora não tivesse a mínima ideia do assunto sobre o qual ia falar. Cinco anos mais tarde, descobri a anorexia do sucesso, e aquilo levou ao trabalho que estou fazendo agora: ajudar milhares de pessoas através de seminários e programas de treinamento.

A questão é, se eu tivesse continuado com meu velho pensamento e meu comportamento de "Eu não tenho", você acha que alguma das coisas que estou fazendo agora teria acontecido? Eu também não. Assim, tome cuidado com o que você diz e faz — porque isso vai se transformar em sua vida.

EXERCÍCIO: COMO ENCONTRAR SEU NÃO GLOBAL

1. Quais são meus motivos para fazer alguma coisa para agir com integridade?

2. O que vou GANHAR se agir com integridade e propósito?

3. O que vou PERDER se agir com integridade e propósito?

4. Pessoas que admiro e por que as admiro (seus aspectos de caráter que eu gostaria de adotar):

No exercício acima, eu lhe dei quatro perguntas simples para encontrar seu Não global. A primeira, *"Quais são os motivos por que eu faço algo para agir com integridade?"* Por que você quer fazer isso? Entenda que viver a partir de seu Não global significa que você não vai roubar ou mentir; agirá com integridade, e vai manter sua autenticidade, mesmo que seja impopular. Por que você iria querer fazer isso? Você precisa descobrir o motivo.

Pergunta 2: *"O que vou GANHAR se agir com integridade e propósito?"* Você não fará isso se não ganhar alguma coisa, certo? Portanto, o que vai ganhar? Quanto mais claro você for quanto ao que vai ganhar, mais fácil será agir.

Pergunta 3: *"O que vou PERDER se agir com integridade e propósito?"* Você percebeu que, se agir com integridade e propósito, perderá alguma coisa? Por exemplo, perderá a capacidade de roubar das pessoas, de enganar as pessoas e de mentir para elas. Legal, não é?

É por isso que sou muito cuidadoso com o que digo. Minha palavra significa muito para mim, e as pessoas ao meu redor sabem que ela tem um grande significado. Não faço muitas promessas, mas quando as faço elas acontecem — normalmente antes que eu diga que vou cumpri-las. As pessoas malsucedidas e infelizes fazem o inverso: elas fazem toneladas de promessas e falam muito, mas não agem. Qual você acha que é o resultado?

A QUESTÃO DA INTEGRIDADE

Você deve comunicar suas intenções de integridade à sua equipe. Precisa falar sobre as atitudes e dar o exemplo. Por exemplo, recentemente tive um encontro de produção com minha equipe e comuniquei minha visão por escrito e verbalmente. Eu disse a eles: "É aqui que queremos chegar. Estamos aqui para mudar o mundo. Vocês estão comigo ou não? Vamos lá."

Meu entusiasmo foi tão contagiante que eles também ficaram animados. Então disseram: "Vamos lá!" Minha equipe entendeu porque fui muito claro ao dizer: "Estou fazendo isso. Gostaria muito de fazer isso com vocês, mas se não estiverem dispostos digam-me agora, porque só quero trabalhar com pessoas que estejam comigo 100%."

Eu queria estar absolutamente certo de que cada pessoa em minha equipe estava compartilhando de minha visão. Quer saber o que aconteceu? Todos se apresentaram como voluntários. Em uma escala de um a dez, muita comunicação e pouca ação seria como alguém que tivesse oito em comunicação e dois em ação. Não seja essa pessoa. Seja alguém com oito em comunicação e dez em ação. Você precisa comunicar sua visão em palavras, mas também precisa de ações para apoiar o que diz.

Finalmente, relacione *as pessoas que admira e por quê*. Relacione seus aspectos de caráter que você gostaria de adotar. O que Stephen Covey faria? O que Jack Canfield faria? Essa é a pergunta que sempre faço a mim mesmo. Em sua vida profissional, olhe para quem você admira e se pergunte: "O que essa pessoa que eu respeito tanto faria?" Você poderia se perguntar, ainda: "O que meu líder faria? O que as pessoas hierarquicamente superiores a mim fariam?" Olhe para as pessoas que você respeita e admira e pergunte a si mesmo: o que elas fariam? É assim que você pode começar a pensar do jeito que elas pensam. Escolha seus mentores com sabedoria, porque você vai ficar igual à pessoa que lhe serve de exemplo.

UMA RÁPIDA RECAPITULAÇÃO

1. Uma das coisas mais importantes que você pode fazer para tirar seu pé do freio é **encontrar seu Não**. Isso é porque as pessoas altamente bem-sucedidas e felizes se deram permissão para dizer não quando querem dizer não.

2. Os três aspectos para encontrar seu Não são: encontre seu Não pessoal, encontre seu Não interpessoal e encontre seu Não global.

3. **Encontrar seu Não pessoal** significa dizer não a si mesmo. As pessoas malsucedidas e infelizes têm dificuldade em dizer não às coisas que sabem que não são boas para elas ou que não produzem os resultados que desejam. Identifique as ações que você está tendo e que o estão afastando do que você realmente quer, então deixe bem claro para as outras pessoas que você vai parar de agir assim.

4. **Encontrar seu Não interpessoal** significa dizer não aos outros. As pessoas ricas e felizes sabem como dizer não quando as demandas das outras pessoas não se ajustam em sua visão de sucesso. Aprenda a dizer não com um sorriso.

5. Encontrar seu Não global significa manter sua integridade — as coisas que você não está querendo fazer e que iriam comprometer seus princípios. Quando você parte de "Eu não tenho", o universo não tem qualquer outra opção a não ser refletir de volta: "Muito bem, você não tem." Em vez disso, parta de "Eu tenho" — e Deus vai responder com uma vida de verdadeira abundância.

Próximas Ações: relacione três coisas que você pode fazer a partir deste capítulo nos próximos sete dias para encontrar seu Não e alcançar mais paz de espírito e satisfação em sua vida pessoal e em sua vida profissional.

1. _____

2. _____

3. _____

AS 10 PRINCIPAIS AFORMAÇÕES PARA O PASSO 6:

1. Por que para mim é fácil dizer não quando quero dizer não?

2. Por que gosto de dizer não com um sorriso?

3. Por que gosto de aplicar a sinergia?

4. Por que gosto de encontrar soluções melhores para mim mesmo e para outras pessoas?

Passo 6: Encontre seu Não   253

5. Por que as pessoas me consideram um líder?

6. Por que me sinto confortável sendo quem sou?

7. Por que tenho tudo de que preciso?

8. Por que tenho mais que o suficiente para ser tudo que quero?

9. Por que sou tão confiante?

10. Por que sou suficiente?

CAPÍTULO 10

Passo 7: Encontre seu Porquê

"Esta é a verdadeira alegria na vida: ser usado
para um propósito reconhecido por você
como um fim poderoso."
GEORGE BERNARD SHAW

Quando olhamos para os Três Por Cento — pessoas felizes e bem-sucedidas para as quais o sucesso acontece de maneira natural —, finalmente percebemos que estão sendo quem são e vivem seu propósito na vida. Quer esteja trabalhando, relaxando ou praticando alguma atividade lúdica, isso significa parar de se desculpar por ser e expressar quem você realmente é, e permitir-se prosperar por essa expressão.

Muitas pessoas não sabem por que estão na Terra. Isso leva a sentimentos que variam desde depressão, frustração e estresse até raiva, culpa e desespero. **Encontrar seu Porquê** significa que você conhece seu derradeiro motivo para fazer algo, que, em última análise, é *ser e expressar quem você realmente é, e permitir-se prosperar enquanto serve às outras pessoas*. Quando encontrar seu Porquê, você terá completado o passo mais importante para que seu avanço não seja *fundamentalmente detido* — porque o progresso de uma pessoa que age com propósito pode ser retardado, porém jamais poderá ser interrompido.

As pessoas não seguem seguidores. As pessoas seguem líderes.

Você pode ser esse líder — mas, para isso, precisa encontrar seu Porquê. Os três aspectos para encontrar seu Porquê são:

1. **Definir suas competências essenciais.**

2. **Identificar suas vias de expressão.**

3. **Libertar seu espírito.**

COMO DEFINIR SUAS COMPETÊNCIAS ESSENCIAIS

Suas *competências essenciais* são simplesmente as coisas em que você é bom. Depois de trabalhar com dezenas de milhares de pessoas em meus seminários, cheguei à conclusão que definir competências essenciais significa combinar seus pontos fortes, suas aptidões e seus desejos.

Competências essenciais parte 1 — descreva seus pontos fortes

Muita coisa tem sido dita, recentemente, sobre os pontos fortes. Essencialmente, um ponto forte é algo que você faz naturalmente, alguma atividade que goste de fazer e que o faça se sentir bem depois de executada. Aqui estão quatro perguntas que você precisa responder para identificar seus pontos fortes naturais.

Descreva seus pontos fortes

1. Eu me sinto forte quando:
2. As pessoas em quem confio me disseram que meus pontos fortes são:
3. AÇÕES específicas que os seguintes líderes fazem ou fizeram e que admiro:
4. AÇÕES que posso executar para expressar meus pontos fortes:

Competências essenciais parte 2 — documente suas aptidões

Os pontos fortes e as aptidões são diferentes. Um ponto forte é algo que fazemos naturalmente, enquanto uma aptidão é uma atividade que revela aquele ponto forte. Por exemplo, digamos que você seja um ótimo comunicador. Você pode convencer qualquer pessoa a fazer qualquer coisa. Esse é um ponto forte natural. Então, suas aptidões poderiam estar em vendas, recrutamento, ensino ou radiodifusão.

Digamos que você seja um analisador natural; você percebe como as coisas se ajustam. Suas aptidões poderiam estar em gerenciamento de dinheiro, engenharia ou medicina. Seus pontos fortes naturais levam às suas aptidões expressas.

Documente suas aptidões

1. Sei que sou realmente bom em:

2. As pessoas me dizem que apreciam ou gostam quando eu:

3. Gosto de fazer:

4. AÇÕES que posso executar para aumentar minhas aptidões:

Competências essenciais parte 3 — defina seus desejos

O que você pode fazer para seguir seus sonhos? Que AÇÕES poderia ter que o ajudariam a realizar seus desejos? Está vendo como estamos sempre AGINDO a cada passo?

Não espere até conhecer todos os detalhes antes de começar a se mover. Isso seria como querer fazer um passeio pela cidade e esperar até que todos os semáforos estivessem com luz verde antes de sair de casa. A maioria das pessoas vive assim, esperando que as coisas fiquem perfeitas antes de agir. Os Três Por Cento sabem que a vida não é perfeita e, simplesmente, *agem*. Você também pode fazer isso.

Defina seus desejos

1. Se dinheiro não fosse problema, eu iria:

2. Fico mais feliz quando:

3. Fico entusiasmado quando:

4. AÇÕES que posso executar para seguir meus sonhos:

IDENTIFIQUE SUAS VIAS DE EXPRESSÃO

O segundo aspecto de encontrar seu Porquê é identificar suas vias de expressão. É a forma pela qual você vai expressar seus pontos fortes, suas aptidões e seus desejos. Primeiro você precisa definir suas competências essenciais; então, determinar como gostaria de expressá-las em sua vida. *"Isso é o que eu realmente quero fazer. É assim que quero expressar quem realmente sou."*

Vias de expressão parte 1 — revele quem você realmente é

Vamos voltar ao passo 1. Você pode pedir para que seus espelhos afetuosos e seus portos seguros o ajudem a responder a esta pergunta: *"Quem sou eu?"* Esta pode ser a pergunta mais antiga da humanidade. Veja se consegue encontrar a resposta a seu respeito em uma palavra ou em uma frase. Procure em seu íntimo e expresse quem você realmente é.

Quem eu realmente sou:

_____

_____

_____

Vias de expressão parte 2 — reveja seus papéis

Uma vez revelado quem você é, será necessário rever seus papéis. São os papéis que você desempenha atualmente, bem como aqueles que gostaria de desempenhar. Seus papéis não são os mesmos de seu cargo. Eles são tudo que seu emprego requer, e mais. Por exemplo, você poderia ter o papel de mãe ou pai, irmão ou irmã, cônjuge ou amigo — todos esses são papéis pessoais. Mas você também poderia ter o papel de uma pessoa que vende, recruta, ensina ou treina — todos eles podem estar envolvidos em seu cargo.

Que tal os papéis que você gostaria de desempenhar para aqueles sonhos que quer realizar? Se você começar a fazer o que as pessoas felizes e bem-sucedidas fazem, vai se tornar uma delas. Seguindo a mesma linha de raciocínio, se não fizer o que elas fazem, *não* vai se tornar uma delas.

Isso não significa que você precise fazer tudo exatamente da mesma maneira com que alguém já fez. Já entrevistei centenas de pessoas muito bem-sucedidas, e não encontrei duas que tivessem agido da mesma forma. Mas há algo que todas elas estão fazendo: estão expressando quem são em um nível muito alto, e permitindo-se prosperar por causa disso. Se elas podem fazer isso, você também pode.

Os principais papéis que desempenho e que gostaria de desempenhar:

_____

_____

_____

Vias de expressão parte 3 — resolva persistir

Este é o derradeiro motivo por que você faz algo. Por que você resolve persistir? Quando começa a subir na vida, coisas que você jamais poderia prever passam a ser jogadas em suas mãos. Já aconteceu comigo, já aconteceu com outras pessoas e acontecerá com você. Mas quando resolve persistir, seu avanço não poderá *fundamentalmente ser detido*. É aí que você vai além do pensamento positivo, além da motivação — e é aí que as coisas passam a ser feitas.

Meu propósito na Terra é criar uma nação e um mundo de espelhos afetuosos. Faço isso através de meus seminários, através de conselhos e treinamento, através de minha própria vida. Esse é o derradeiro motivo por que eu faço algo.

Qual é o seu? Talvez você ainda não saiba conscientemente; mas precisa descobrir. Por quê? Porque se não souber, ao primeiro sinal vermelho que aparecer — e serão muitos — sem um motivo suficientemente forte para fazer algo, você vai desistir e voltar para casa. Você vai desistir ou seguir em frente, na direção de seus sonhos? Se desistir e voltar para casa, acho que você não queria realizar seus sonhos com toda força de vontade que tinha.

A chave é saber quando surgirão muitos sinais vermelhos em uma direção em particular. Talvez você precise seguir por outro caminho. Quanto mais você estiver em contato com sua intuição, com seu verdadeiro eu, mais saberá quando será necessário continuar naquela direção e quando será preciso seguir por um caminho diferente. Existem muitas vias para o sucesso. Pergunte a si mesmo por que jamais vai se privar de seguir em frente antes de chegar lá.

Por que vou persistir
(o derradeiro motivo por que eu faço algo):

_____

_____

_____

LIBERTE SEU ESPÍRITO

O aspecto final do último passo é libertar seu espírito. Se eu pudesse resumir a essência de todo o ensinamento de *O código secreto do sucesso*, seria com essas três palavrinhas simples: *liberte seu espírito*. Existem apenas três coisas de que você precisa para libertar seu espírito. Mas antes de lhe dizer quais são, quero lhe revelar algo que poderá surpreendê-lo.

AS DUAS FRASES QUE DESCREVEM TODA EMOÇÃO HUMANA

Eu estava meditando uma manhã quando percebi que toda emoção humana pode ser descrita em duas frases simples. A partir do momento em que as vi em minha mente, compreendi que elas envolviam a gama total das emoções humanas — e essas frases faziam com que tudo ficasse tão simples que até abrangiam como "ajustar" quaisquer emoções negativas que pudéssemos experimentar pelo restante de nossas vidas.

Está pronto? Aqui estão elas:

Quando sua opinião sobre seu passado, seu presente e seu futuro tiver tendência a ser positiva, você será feliz.

Quando sua opinião sobre seu passado, seu presente e seu futuro tiver tendência a ser negativa, você será infeliz.

Essas duas frases descrevem toda emoção humana. Qual é a palavra-chave que ambas contêm: *opinião*. Por quê? Porque não é o que realmente acontece conosco, é nossa *opinião* do que acontece conosco que determina nossos pensamentos, sentimentos, ações e respostas — e tudo isso junto cria nossas vidas.

Quantas pessoas você conhece que vivem remoendo uma opinião negativa de algo que aconteceu com elas há dez, vinte, quarenta anos no *passado*, e que está determinando suas vidas hoje? Quantas pessoas você conhece que não estão dando o devido valor à abundância que têm no *presente*, bem diante de seus narizes? Quantas pessoas você conhece que têm medo do que vai acontecer no *futuro*?

Por outro lado, quantas pessoas você conhece que têm uma *opinião positiva* sobre seu passado, presente e futuro? Note que seu passado, presente e futuro SÃO sua vida. Você pode muito facilmente argumentar que *sua vida não é nada mais do que sua opinião sobre seu passado, presente e futuro*.

Onde está *seu passado*? Onde ele existe? Só na sua cabeça. Em nenhum outro lugar no universo inteiro, além de sua cabeça. Pouco importa se você tem 12 irmãos e irmãs; nenhum deles se preocupa com seu passado.

Onde está *seu presente*? Só na sua cabeça. Ninguém mais na face da Terra está experimentando seu presente.

Onde está *seu futuro*? Exatamente como seu passado e seu presente — ele existe apenas na sua cabeça.

Portanto, se você tirasse apenas um ensinamento deste livro, eu espero que seja este, porque isso pode ser o maior presente de toda esta lição:

Se quiser libertar seu espírito e viver a vida de seus sonhos, tudo que você deve fazer é mudar de opinião a respeito de seu passado, seu presente e seu futuro.

E como fazemos isso? É tão fácil quanto contar 1,2,3.

OS TRÊS ESTÁGIOS PARA LIBERTAR SEU ESPÍRITO

Estágio 1: perdoe seu passado
Estágio 2: aprecie seu presente
Estágio 3: prepare-se para um futuro melhor

Liberte seu espírito estágio 1 — perdoe seu passado

A única coisa que precisamos fazer com o passado é *perdoá-lo*. O passado já se foi, mas você ainda pode estar preso a ele.

Quando você não perdoa seu passado, fica preso a ele por correntes que são mais fortes que o aço.

Sei que você não quer ficar acorrentado ao passado; mas para não ficar, é preciso perdoá-lo.

Muita gente tem grandes problemas com isso. A verdade é que você está perdoando a si mesmo, não a outra pessoa. Observe a palavra *perdoar*. Há a palavra "doar" nela. Você está *doando para si* o propósito de ser livre. Está perdoando a você mesmo, não a outras pessoas. Não estamos justificando o que foi feito, e não estamos dizendo que está tudo bem. Não, não está tudo bem. Foi uma coisa terrível — mas já passou.

Conforme mestres nos ensinaram durante os séculos: "Deixem que os mortos enterrem os mortos." Não é nossa função voltar e lutar novamente com o que já se passou para sempre. Quando tenta fazer isso, você acaba ficando acorrentado.

Nos espaços a seguir, escreva quem você precisa perdoar, por que motivo, e os motivos por que você deve fazer algo e perdoar agora. Note que eu não lhe perguntei como perdoar. Minha experiência com milhares de estudantes mostra que quando você tem os motivos por que fazer algo e perdoar, o coração encontra o como.

EXERCÍCIO: PERDOE SEU PASSADO

Quem eu preciso perdoar	Pelo quê	Motivos por que eu devo fazer algo e perdoar

Liberte seu espírito estágio 2 — aprecie seu presente

O estágio 2 para libertar seu espírito é aprecie seu presente. A palavra *apreciar* significa literalmente "elevar o valor". O que a maioria das pessoas está fazendo? Certo: exatamente o oposto. Essas pessoas estão *depreciando* o que têm. "Por que eu não tenho o que outras pessoas têm? Por que não tenho tanto dinheiro quanto elas? Blá-blá-blá..."

Sim, é ótimo ter metas e esforçar-se para alcançá-las. Mas o problema surge quando nada jamais é suficientemente bom para você. Quero convidá-lo a ver o que você tem e simplesmente apreciá-lo. Não estou dizendo que se você tiver uma dívida de 30 mil deva tentar negar isso e dizer que tudo está maravilhoso.

Você poderia dizer: "Noah, estou com sérios problemas financeiros neste momento. Tenho contas, dívidas e não estou ganhando o suficiente. Mas ainda estou respirando. Tenho todos os meus dedos e articulações. Estou enxergando. Estou ouvindo. Posso digitar e posso falar. Tenho um telefone e tenho um computador. Tenho um cérebro que funciona."

Você pode achar que isso é bobagem. Mas não estou sendo cínico aqui. Você faz ideia de quanta gente não tem nada dessas coisas que você se acostumou a ter todos os dias? Você desfruta de todo esse presente generoso e de toda essa abundância sem pensar e, quase que certamente, sem apreciar.

Você se lembra do que aconteceu no dia 11 de setembro de 2001? Lembra-se das consequências do furacão Katrina? Sabe o que aconteceu em sua mente depois do horror de ver aquelas imagens na TV? A primeira coisa que aconteceu em sua mente, quer você tenha notado conscientemente ou não, foi que, automaticamente, você se concentrou em tudo que TEM. Você viu tanta gente perder tudo — seus lares, seus amigos e suas amigas, suas próprias vidas — e, em algum lugar, em seu íntimo, você disse a si mesmo: *"Graças a Deus tenho tantas coisas."*

Depois daquele 11 de setembro, lembro-me de ter assistido, como todo o mundo, as Torres Gêmeas desabarem. Eu morava em Massachusetts naquela ocasião. Desliguei a TV, entrei no carro, fui até a casa de meus pais no Maine e os abracei. Por que fiz isso? Acho que foi algum tipo de instinto que me disse para me apegar e apreciar tudo aquilo com que eu havia sido abençoado.

Espero estar chocando você pelo menos um pouco, porque nós simplesmente não percebemos o milagre da vida. Infelizmente, com frequência é preciso que aconteça uma tragédia para nos mostrar tudo que nós já temos. É quando, mais que nunca, a frase "não sabemos o que temos até perdermos tudo" se torna verdadeira.

Mas aqui vai um segredinho — na verdade, é um enorme segredo:

Não precisamos esperar até que algo seja tirado de nós para apreciarmos o fato de que ele está ali.

No exercício a seguir, quero que você relacione aquilo de que gosta no seu presente. Espero que você precise de muito mais espaço do que esta página para fazer isso! Então, quero que escreva o que *não* gosta sobre sua situação atual. "Eu não gosto de ter 20 mil em dívidas. Não gosto de não ganhar dinheiro suficiente para poder tirar umas férias. Não gosto do lugar onde moro..." Qualquer coisa que seja. Seja honesto. Dê a si mesmo permissão de dizer a verdade sem julgamento. E não, você não precisa compartilhar esta lista com ninguém.

Veja: você já tem essa lista em sua cabeça. Só estou lhe pedindo para passá-la para o papel! O principal motivo por que o pensamento positivo na verdade não funciona é que sempre há algo de que você não gosta em sua vida. Por que mentir sobre isso ou tentar fazer de conta que isso não acontece?

Na terceira coluna, quero que você responda: "Quem pode me ajudar a crescer?" O motivo de eu não ter lhe perguntado "Como posso mudar?" é porque, se você soubesse como mudar, já estaria fazendo isso! Ao responder à "Quem pode me ajudar a crescer?", sua mente se concentra nos recursos que você pode encontrar. Eles podem estar na forma de livros, CDs, seminários, aconselhamentos, treinamento ou amigos. Você dispõe de recursos bem diante de seu nariz e tem se permitido depreciá-los. Agora chegou a hora de apreciá-los — assim não precisará perdê-los.

EXERCÍCIO: APRECIE SEU PRESENTE

De que eu gosto no meu presente	De que eu não gosto	Quem pode me ajudar a crescer

Liberte seu espírito estágio 3 — prepare-se para um futuro melhor

O estágio final de liberar seu espírito é *preparar-se para um futuro melhor*. Todos nós já fizemos exercícios em que escrevemos sobre nosso futuro ideal e tentamos imaginar como seria viver ali. Mas quero que, desta vez, você faça algo diferente.

Aqui está uma coisa estranha que os gurus nunca nos falaram sobre o sucesso: nós vivemos nossas vidas dia após dia. Sei que isso parece óbvio, mas os gurus nos pediram para escrever como todas as coisas seriam maravilhosas, em algum momento no futuro, quando tudo fosse perfeito.

Bem, odeio ter de dizer isso, mas a vida na Terra não é perfeita. Muitos de meus amigos são multimilionários, e a vida de nenhum deles é perfeita. Assim, em vez de tentar vislumbrar um futuro glorioso e idealizado, onde tudo é perfeito, quero que você tente fazer algo que, ironicamente, é muito mais fácil.

No espaço a seguir, ou em seu *diário do código secreto do sucesso*, quero que você escreva o que acontece em seu perfeito dia comum. Aprendi este exercício com Frank Kern, um de meus brilhantes mentores, que vive uma vida com a qual muitos de nós somente podemos sonhar. Ele passa a maior parte de seus dias surfando na costa de San Diego enquanto sua empresa on-line fatura mais de 1 milhão de dólares *por mês*. Sim, por mês — não por ano. Frank diz que fez este exercício quando estava ganhando um bom dinheiro mas se sentia muito infeliz, porque odiava o que estava fazendo e para quem estava trabalhando.

Em menos de um ano depois de fazer esse exercício, sua vida mudou completamente: de ganhar muito dinheiro e sentir-se infeliz para ganhar muito mais dinheiro e se sentir feliz.

Quero que você pense em um dia que esteja vivendo agora. O que acontece em seu dia comum? Você acorda. Abre seus olhos. Talvez desligue o despertador, porque, na verdade, não quer se levantar e fazer o que está fazendo. (Nota: não preciso usar um despertador há mais de vinte anos. Acha que isso tem algo a ver com o fato de que gosto do que faço e faço o que gosto?)

Você se levanta da cama. Toma o café da manhã — ou não. Talvez as crianças estejam correndo de um lado para outro, preparando-se para ir à escola. Você vai trabalhar. Está fazendo alguma coisa de que goste? Trabalha em sua própria casa ou em seu próprio apartamento? Vai a um escritório?

Assim, você continua seu dia. Você está feliz? Aborrecido? Entusiasmado? Tem a sensação de ser importante e de dar sua contribuição?

Você volta para casa. Está cansado? Desgastado? Exausto? Bem-disposto? Feliz? Satisfeito?

Você vai para a cama. Quais são seus últimos pensamentos antes de cair no sono? Contentamento? Dá graças a Deus? Temor só de pensar que terá de fazer tudo de novo amanhã?

Percebeu aonde quero chegar? É assim que você vive. E, antes que perceba, um ano se passou... dois anos... cinco anos... dez anos... vinte anos... e mais. E você continua dizendo a si mesmo: "Algum dia, eu vou..."

Já notou que não existem passeios para a ilha do algum dia? Ou nós começamos a fazer algo, ou isso jamais acontecerá. Assim, eu estou convidando-o para deixar de pensar na ilha do algum dia... e comece a tomar uma droga de decisão.

Em seu *diário do código secreto do sucesso*, anote o que acontece em um perfeito dia comum. A palavra-chave aqui é *igual.* Não quero que escreva sobre um futuro idealizado em que você esteja sentado na praia tomando margueritas todos os dias — porque já conversei com muitas pessoas que fizeram isso e, acredite ou não, elas acabaram se entediando depois de algum tempo.

Sim, queremos desfrutar de férias e de coisas bonitas; mas este exercício é sobre *descrever o que acontece em um dia perfeito igual a todos os outros, quando você se sente feliz fazendo o que realmente quer.*

EXERCÍCIO: PREPARE-SE PARA SEU FUTURO MELHOR

Meu perfeito dia comum:

Libertar seu espírito representa o nível mais alto de sucesso, felicidade e realização, porque é quando, finalmente, paramos de nos preocupar em ganhar dinheiro ou em fazer as pessoas felizes. Você simplesmente expressa quem você realmente é e se permite prosperar enquanto prospera outras pessoas. Os Três Por Cento podem não ter consciência do que estão fazendo, mas, mesmo assim, podemos aprender com eles. Este último aspecto do passo final significa que você não só parou de se desculpar por ser quem você é, como também passou a se dar *permissão* para alcançar o sucesso nos mais altos níveis.

O maravilhoso é que, enquanto nos damos *permissão para alcançar o sucesso*, também damos às outras pessoas a mesma permissão. É por isso que libertar seu espírito representa o auge deste trabalho e nos leva a encerrar um ciclo total — de volta a ganhar e dar o apoio incondicional de que todos nós precisamos para sermos quem realmente somos.

UMA RÁPIDA RECAPITULAÇÃO

1. O passo final de *O código secreto do sucesso* é **encontrar seu Porquê**. Isso representa o derradeiro motivo por que você deve fazer algo; seu propósito ou sua missão. Quando você encontra seu Porquê e começa a vivê-lo, passa a ser *impossível deter seu progresso*.

2. O primeiro aspecto de encontrar seu Porquê é **definir suas competências essenciais**. Isso acontece em três estágios: *descreva seus pontos fracos, documente suas aptidões* e *defina seus desejos*.

3. O segundo aspecto de encontrar seu Porquê é **identificar suas vias de expressão**. Os três estágios são: *revele quem você realmente é, reveja seus papéis* e *resolva persistir*.

4. O terceiro e último aspecto de encontrar seu Porquê é **libertar seu espírito**, cujos três estágios são: *perdoe seu passado, aprecie seu presente* e *prepare-se para um futuro melhor*.

5. Encontrar seu Porquê representa a mais elevada realização que um ser humano pode alcançar, porque a maior alegria vem ao nos darmos um propósito maior que nós mesmos. Use esses passos para encontrar seu Porquê — quando você se dá permissão para ser quem realmente é, também dá às outras pessoas.

Próximas ações: relacione três coisas que você pode fazer a partir deste capítulo nos próximos sete dias para encontrar seu Porquê em sua vida pessoal e em sua vida profissional.

1. _____

2. _____

3. _____

AS 10 PRINCIPAIS AFORMAÇÕES PARA O PASSO 7:

1. Por que eu encontrei meu Porquê?

2. Por que estou vivendo uma vida voltada a um propósito?

3. Por que sei o motivo por que estou na Terra?

4. Por que encontrei o derradeiro motivo por que devo fazer algo?

5. Por que para mim é tão fácil me concentrar no que realmente quero?

6. Por que me mantenho no curso certo em direção à minha meta?

7. Por que eu nunca, jamais, desisto?

8. Por que tudo está seguindo de acordo com meus planos?

9. Por que Deus me abençoa com uma generosidade sem precedentes hoje?

10. Por que meu progresso não pode, fundamentalmente, ser detido?

PARTE III

PRÓXIMOS PASSOS

CAPÍTULO 11

E agora?

"Eu aprendi isto: se alguém avançar confiantemente na direção de seus sonhos e se empenhar para viver a vida que imaginou, encontrará um sucesso inesperado a qualquer momento."

HENRY DAVID THOREAU

A citação acima tem três verbos principais — *avançar, empenhar* e *encontrar*. Primeiro você avança, o que significa que progride. *Progresso* vem da palavra latina *progredi*, que significa "dar um passo à frente". Você não precisa saltar de um penhasco como algumas pessoas já sugeriram, apenas precisa dar um passo de cada vez.

Note como você vai avançar: confiantemente. Por quê? Porque está trabalhando com a Lei Universal, que é a lei que não pode ser infringida. Você não precisa pensar "Eu posso fazer isso"; em vez disso, pense: "Nós podemos fazer isso." A palavra *nós* vai funcionar melhor do que *você*.

Agora, para onde você está avançando confiantemente? *Na direção de seus sonhos.* Não é preciso conhecer o ponto final exato — apenas a direção. Não é preciso saber exatamente como você vai chegar lá; esse é mais um motivo para dar um passo de cada vez. Se você seguir os passos, um de cada vez, e *se empenhar* para viver a vida que imaginou, o que acontece em seguida?

Você vai *encontrar* o sucesso. Eu adoro isso, porque *encontrar* o sucesso significa que ele está esperando por você, como se você fosse a um encontro. Quando encontramos alguém? Quando essa pessoa nos está esperando, quando duas pessoas estão antecipando que vão se encontrar. Por que você não imagina o sucesso como alguém que está esperando por você, com o mesmo entusiasmo de não ver a hora de se encontrar com ele?

VOCÊ ENCONTRA O SUCESSO

Lembre-se, os três estágios da autocrença são:

- Primeiro, outra pessoa acredita em você.
- Segundo, você acredita em outras pessoas.
- Terceiro, você acredita em si mesmo.

Este livro foi escrito para ajudar você a ser uma pessoa feliz e bem-sucedida em sua vida, sua carreira e seus relacionamentos.

Mas o que você vai fazer agora que o livro está terminando? Se quiser realmente alcançar os resultados e benefícios que deseja para sua vida — coisas como mais dinheiro, saúde perfeita, melhores relacionamentos ou uma ligação mais íntima com Deus —, deve fazer o que compartilhei com você no Capítulo 3: *AJA!*

Neste livro, eu lhe mostrei *O código secreto do sucesso*: a maneira mais rápida, simples e efetiva que já vi para tirar o pé do freio e se permitir ser verdadeiramente rico e feliz. Eu lhe mostrei como se livrar de seu lixo mental e criar a vida que sempre quis.

Você aprendeu sete passos que, uma vez seguidos, mudarão sua vida. Insisto para que você faça os exercícios em cada capítulo e use suas novas Aformações animadoras. Complete esses passos simples diariamente, porque, ao fazer isso, os novos comportamentos vão se transformar em hábitos, e seus hábitos vão se transformar em sua nova vida.

Se quiser criar uma vida rica e feliz, então você deve, por definição, passar para uma nova zona familiar. Isso significa que deve *praticar os passos*. Não apenas ler sobre eles, falar deles ou pensar neles... mas completá-los de verdade!

Neste momento, sua reflexão negativa pode estar lhe dizendo coisas como *"Eu não posso fazer isso... é muito difícil... não tenho tempo"*. Como lhe mostrei, a função de sua reflexão negativa é manter você exatamente onde está, em sua zona familiar atual.

Se quiser passar para uma nova zona familiar (ou seja, se quiser ser feliz e rico), basta seguir este processo de três passos:

1. Aprender.

2. Executar.

3. Ensinar.

Aprender significa aprender os passos de *O código secreto do sucesso*. Acabei de dá-los a você. Os Três Por Cento — as pessoas para as quais o sucesso acontece de maneira natural — realizam, inconscientemente, esses passos em todas as áreas de suas vidas pessoais e profissionais e em seus relacionamentos. Eles normalmente não sabem que estão fazendo isso, o que explica o motivo pelo qual essas pessoas têm dificuldade para ensinar o que fazem. Apesar disso, se prestar atenção, você poderá aprender muito com alguém que age inconscientemente.

Depois, você deve *executar* os passos. O único programa de exercícios que não funciona é aquele que não é usado. Porém, a parte mais difícil de qualquer programa de exercícios é se levantar do sofá e executá-lo. A ótima notícia é que o apoio para executar esses passos está inserido no sistema. Você não precisa executá-lo sozinho — e, na verdade, é exatamente esse o foco de *O código secreto do sucesso*.

Finalmente, para alcançar o benefício total do que compartilhei com você, é preciso *ensinar* às outras pessoas. Você deve compartilhar o que aprendeu neste livro com as pessoas em sua vida pessoal e em sua vida profissional — seus amigos e sua família, bem como os membros de sua equipe e colegas de trabalho.

Quem aprende mais, o professor ou o aluno? Todos nós já passamos pela experiência de ter de ensinar algo a um grupo ou mesmo a outra pessoa — e é nesse momento que realmente aprendemos.

Além disso, considere as pessoas em sua equipe, em sua organização ou em seu círculo social. Quantas delas você diria que estão se privando, em algum grau, de alcançar o sucesso na vida profissional ou na vida pessoal? Seriam... todas?

Se isso for verdade, você não acha que deve compartilhar com elas essa informação? Se você for amigo delas e se preocupar com elas, não gostaria de vê-las se transformarem de forma completa nas pessoas que elas nasceram para ser? Você não gostaria que um amigo fizesse o mesmo por você?

Se não se sentir à vontade com a palavra *ensinar*, use *compartilhar*. Se aprendesse algo que sabe que pode ajudar a melhorar as vidas das pessoas ao seu redor, você não compartilharia, naturalmente, o que aprendeu com elas? É isso que eu o estou incentivando a fazer — não só em benefício dessas pessoas, mas em *seu próprio* benefício.

Sugiro também que você releia este livro, do começo ao fim, pelo menos mais duas vezes, sublinhando e realçando as passagens com significados particulares para você. "O quê?", sua reflexão negativa está dizendo. "Acabei de ler o livro, por que preciso lê-lo várias e várias vezes?" O fato é que quanto mais você estudar este livro mais depressa começará a viver o código — e mais rápida e facilmente sua riqueza e sua felicidade vão se manifestar.

Depois que descobri a anorexia do sucesso, percebi que era meu dever e minha responsabilidade levar esse ensinamento às milhares de pessoas no mundo todo que, embora sem qualquer culpa, estão se privando de alcançar o sucesso. Minha missão é criar uma nação e um mundo de espelhos afetuosos, e dar assistência a pessoas com a mesma visão para seguirem o caminho da verdadeira riqueza, paz e alegria.

Sinto-me um privilegiado por poder oferecer seminários, oficinas e programas de treinamento que transformam a vida das pessoas rápida e permanentemente.

Não vejo a hora de fazer parte de sua história de sucesso!

Desejo tudo de melhor para você,

NOAH ST. JOHN

CAPÍTULO 12

Divulgue os ensinamentos

Os três passos para o sucesso:
Encontre alguma coisa que melhore a vida das pessoas.
Divulgue isso a todos.
Repita.

NOAH ST. JOHN

Muito bem, então agora você conhece os passos para tirar seu pé do freio para sempre. A única questão agora é: você vai compartilhar o que aprendeu ou vai guardar para si mesmo?

Já compartilhei com milhares de pessoas que as únicas coisas que você deve fazer para ser bem-sucedido na vida são: *aprender, executar* e *ensinar.*

Primeiro, *aprender* o que é preciso para alcançar o sucesso. É disso que este livro e meus cursos e programas tratam. Segundo, *executar* os passos. Uma coisa é saber e outra, completamente diferente, é executar o que você sabe e colocar em AÇÃO. Mas executar uma ação é a única maneira de manifestar a riqueza e a felicidade que você deseja.

E, finalmente, *ensinar* o que aprendeu às outras pessoas. A melhor maneira de aprender mais é compartilhar o que aprendemos com outras pessoas.

Portanto, eu o incentivo a compartilhar sua experiência de leitura deste livro com outras pessoas. Divulgue a mensagem ao maior número possível de pessoas. Comprometa-se a falar sobre o livro a pelo menos cem amigos e familiares ou considere a possibilidade de comprar um exemplar para essas pessoas como um presente que vai mudar suas vidas.

Você não só mostrará a elas uma maneira nova (e mais fácil) de pensar que pode mudar a vida delas; essas pessoas também aprenderão uma nova forma de ser neste mundo, e isso vai enlevar cada um que receber esta mensagem.

O que você está esperando?

AGRADECIMENTOS

Meus mais sinceros agradecimentos:

A Jack Canfield, que acreditou na mensagem deste livro quando era apenas um punhado de páginas presas com um pedaço de fita adesiva.

A Janet Switzer, que viu o potencial neste ensinamento e enviou um e-mail que mudou minha vida.

A Stephen Hanselman da LevelFiveMedia, que entendeu todo esse ensinamento com um telefonema. Esse homem consegue o que quer.

Ao meu editor Hollis Heimbouch, cujo discernimento fez com que este livro chegasse a ser o que é.

A Steve Ross e a todos da equipe da Collins que subiram a bordo para seguir comigo, inclusive Doug Jones, Larry Hughes, Angie Lee, Kimberly Crowser, Ben Steinberg e todos os outros que trabalham nos bastidores da editora.

A minha Diretora de Projetos de Marketing, Donna Friedman, que constantemente me surpreende.

Aos mentores, professores e técnicos que me orientaram, inclusive Alex Mandossian, Frank Kern, Eben Pagan, Scott Martineau, John Counsel, Neale Donald Walsch, Joe Vitale,

Harv Eker, Anthony Robbins, Roy H. Williams, Harvey Mackay, Jim Collins e Michael Nitti.

A Josh Cantwell, da Strategic Real Estate Coach, e a Greg Clement, da RealeFlow, por terem reduzido vários anos de minha curva de aprendizado e por terem apresentado meu trabalho a seus maravilhosos discípulos no mundo todo.

A Dan Hollings, responsável pelo marketing de *O código*, por me ensinar como alcançar mais pessoas através da Bridge GAP Marketing.

A Heather Kirk e Megan Johnson, por criarem o trabalho ilustrativo, o que prova que uma imagem, realmente, vale mais que mil palavras.

A Gary Vaynerchuk, da WineLibraryTV, que me ensinou como criar uma comunidade de milhões de membros enquanto passeávamos no meu carro em Cleveland, Ohio.

A Stephen Covey, que me inspirou a entrar para este negócio quando uma edição do livro *Os 7 hábitos das pessoas altamente eficazes* caiu de uma prateleira e me atingiu na cabeça. Estou falando sério. É difícil, até mesmo para mim, ignorar um sinal como esse.

A Will Smith, por sua música e uma vida que me inspirou a enfrentar de peito aberto qualquer coisa de que eu tenha mais receio.

E, finalmente, aos meus pais, Carol e Steve. Obrigado por todos os sacrifícios que vocês fizeram por nós, seus filhos. Espero que, por fim, tenha valido a pena.

Este livro foi composto na tipografia
Adobe Garamond Pro, em corpo 12/15,3, e impresso
em papel off-white no Sistema Digital Instant Duplex
da Divisão Gráfica da Distribuidora Record.